梦想的力量

拼音版

成才必备的交通奥秘小百科

JIAOTONG AOMI XIAO BAIKE

芦　军　编著

安徽美术出版社
全国百佳图书出版单位

图书在版编目（CIP）数据

成才必备的交通奥秘小百科 / 芦军编著. —合肥：安徽美术出版社，2014.6（2021.8重印）
（梦想的力量）
ISBN 978-7-5398-5045-0

Ⅰ. ①成…　Ⅱ. ①芦…　Ⅲ. ①交通—少儿读物　Ⅳ. ①U-49

中国版本图书馆CIP数据核字（2014）第106759号

出 版 人：王训海　　责任编辑：张婷婷
责任印制：缪振光　　责任校对：吴　丹
版式设计：北京鑫骏图文设计有限公司

梦想的力量
成才必备的交通奥秘小百科
Mengxiang de Liliang　Chengcai Bibei de Jiaotong Aomi Xiao Baike

---

出版发行：安徽美术出版社（http://www.ahmscbs.com/）
地　　址：合肥市政务文化新区翡翠路1118号出版传媒广场14层
邮　　编：230071
经　　销：全国新华书店
营 销 部：0551-63533604（省内）0551-63533607（省外）
印　　刷：河北省廊坊市永清县晔盛亚胶印有限公司
开　　本：880mm×1230mm　1/16
印　　张：6
版　　次：2015年6月第1版　2021年8月第2次印刷
书　　号：ISBN 978-7-5398-5045-0
定　　价：29.80元

目录

梦想的力量

梦想的力量

jiāo tōng gōng jù qǐ yuán
交通工具起源

rén lèi shēng huó zhōng lí bù kāi yī shí zhù xíng qí zhōng
人类生活中离不开“衣、食、住、行”，其中
xíng wèi qián sān zhě tí gōng le fāng biàn shì rén men shēng huó de jī běn
“行”为前三者提供了方便，是人们生活的基本
xū yào jīn tiān de rén men yǐ jīng shí xiàn lù shang pǎo tiān shàng fēi shuǐ
需要。今天的人们已经实现陆上跑、天上飞、水
zhōng yóu le dàn shì zuì yuǎn gǔ de jiāo tōng gōng jù què shì lún zi
中游了，但是最远古的交通工具却是“轮子”。

kǎo gǔ xué jiā men fā xiàn dà yuē zài gōng yuán qián nián
考古学家们发现，大约在公元前2000年，
gǔ āi jí jiù yǒu le lún zi yuǎn gǔ rén kào dǎ liè wéi shēng suí zhe dǎ liè
古埃及就有了轮子。远古人靠打猎为生，随着打猎
fàn wéi de bù duàn zēng dà rén men lí kāi jū zhù dì de jù lí yě yuè lái
范围的不断增大，人们离开居住地的距离也越来
yuè yuǎn zhè yàng jiāng liè wù bān huí dòng xué jiù yào huā bù shǎo lì qi
越远。这样，将猎物搬回洞穴就要花不少力气，
yòng shén me bàn fǎ kě yǐ shěng lì de cóng lǎo yuǎn de dì fang jiāng zhòng
用什么办法可以省力地从老远的地方将众
duō liè wù nòng huí lai ne
多猎物弄回来呢？

gǔ shí hou rén men jiāng yī kē kē shù mù kǎn dào zài dì shí nà
古时候，人们将一棵棵树木砍倒在地时，那
xiē zhī chà jiào shǎo de yuán mù jiù huì zài píng tǎn de dì miàn shang gǔn dòng
些枝杈较少的圆木就会在平坦的地面上滚动
qǐ lai zhè zhǒng sī kōng jiàn guàn de xiàn xiàng chù fā le rén men de líng
起来，这种司空见惯的现象触发了人们的灵
gǎn yǒu rén yóu cǐ méng shēng le tōu lǎn de niàn tou rén men
感，有人由此萌生了“偷懒”的念头，人们
bù zài fèi lì de tái huò zhě bān nà xiē mù tou ér shì kǎn diào yī xiē zhī
不再费力地抬或者搬那些木头，而是砍掉一些枝
chà zài dì shang tuī gǔn qǐ lai yǒu rén jiāng yī kuài cū cāo de mù bǎn
杈，在地上推滚起来。有人将一块粗糙的木板
fàng zài liǎng gēn yuán mù shàng mian zài zài shàng mian fàng zhòng wù yùn
放在两根圆木上面，再在上面放重物，运
shū qǐ lái jì wěn dang yòu ān quán
输起来既稳当又安全。

zhè jiù shì lún zi de chú xíng
这就是轮子的雏形。

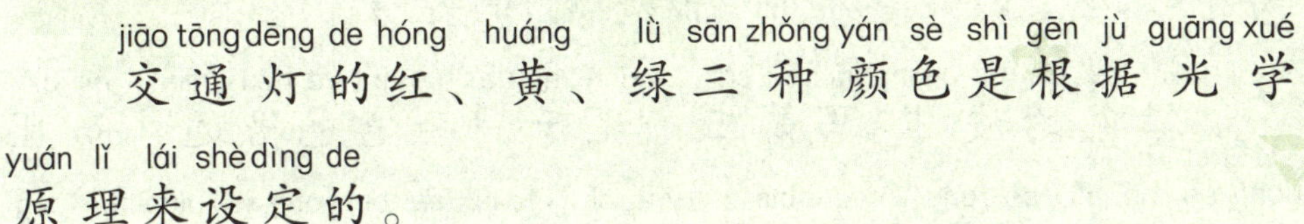

jiāo tōngdēng de xué wen
交通灯的学问

jiāo tōng dēng de hóng huáng lǜ sān zhǒng yán sè shì gēn jù guāng xué yuán lǐ lái shè dìng de
交通灯的红、黄、绿三种颜色是根据光学原理来设定的。

zài suǒ yǒu yán sè de guāng zhōng hóng sè de bō cháng zuì cháng tā chuān tòu jiè zhì de néng lì yě zuì dà xiǎn shì de yě zuì yuǎn rén men duì hóng sè fēi cháng mǐn gǎn suǒ yǐ hóng sè xìn hào dēng bèi yòng lái biǎo shì jìn zhǐ hé tíng chē
在所有颜色的光中，红色的波长最长，它穿透介质的能力也最大，显示得也最远。人们对红色非常敏感，所以红色信号灯被用来表示禁止和停车。

huáng sè xìn hào dēng de fā míng zhě shì wǒ guó de hú
黄色信号灯的发明者是我国的胡

rǔ dǐng zài sān zhǒng yán sè guāng zhōng huáng sè de bō cháng jǐn cì yú hóng
汝鼎。在三种颜色光中，黄色的波长仅次于红
sè tā chuān tòu bō li tòu guò guāng xiàn de néng lì hěn qiáng xiǎn shì de jù
色，它穿透玻璃透过光线的能力很强，显示的距
lí yě jiào yuǎn yīn cǐ bèi yòng zuò huǎn xíng de xìn hào
离也较远，因此，被用作缓行的信号。

lǜ sè de bō cháng jū dì sān xiǎn shì de jù lí yě hěn yuǎn ér qiě
绿色的波长居第三，显示的距离也很远，而且
hóng sè hé lǜ sè róng yì qū bié yīn cǐ lǜ sè bèi yòng zuò biǎo shì tōng
红色和绿色容易区别，因此，绿色被用作表示通
xíng de xìn hào
行的信号。

kào yòu xíng shǐ de chē liàng
靠右行驶的车辆

chē liàng hé xíng rén kào mǎ lù yòu bian xíng shǐ zhè yī guī zé yóu lái yǐ jiǔ
车辆和行人靠马路右边行驶这一规则由来已久。

gǔ dài ōu zhōu jūn rén zuǒ shǒu chí dùn pái yòu shǒu zhí máo huò jiàn rú guǒ yíng miàn zǒu lái de liǎng gè rén dōu kào yòu xíng zǒu shuāng fāng jiù huì zài chí dùn pái de yī biān zǒu guò zhè yàng kě yǐ bì miǎn chōng tū hé wù shāng yú shì jiù chǎn shēng le kào yòu xíng zǒu de guī dìng
古代欧洲军人左手持盾牌，右手执矛或剑，如果迎面走来的两个人都靠右行走，双方就会在持盾牌的一边走过，这样可以避免冲突和误伤，于是就产生了靠右行走的规定。

fǎ guó dà gé mìng bào fā hòu gé mìng dǎng rén fā bù mìng lìng suǒ yǒu bā lí de mǎ chē hé xíng rén yī lǜ kào yòu xíng shǐ hòu lái fán shì bèi ná pò lún zhēng fú
法国大革命爆发后，革命党人发布命令：所有巴黎的马车和行人一律靠右行驶。后来，凡是被拿破仑征服

过的欧洲国家，像意大利、西班牙、波兰、瑞士、德国等，都实行了靠右行驶的交通规则。这一规则还流传到美洲，被美洲人民接受。

在中国，车辆靠右行驶的规则最早出现于唐朝，是由唐代大臣马周制定的。鸦片战争后受到英国的影响，很长一段时间里实行靠左行驶的规则。1945 年以后，由于大量进口美国汽车，而其方向盘及灯光装置，都适用于靠右行驶。为了节约改装的费用，当时的政府规定，从 1946 年起，全国一律实行车辆靠右行驶的规则，并一直沿袭至今。

目前，世界上的交通规则分为两类，美国、中国以及其他许多国家都规定车辆、行人靠右行驶；而英国、日本等少部分国家，则规定靠左行驶。

jià zhào cháng shí
驾照常识

jià zhào shì guó jiā guī dìng de jià shǐ jī dòng chē sī jī suǒ bì xū de zhí zhào
驾照是国家规定的驾驶机动车司机所必需的执照。

gēn jù gōng ān bù zhèng shì fā bù de jī dòng chē jià shǐ zhèng yè wù gōng zuò guī fàn, jià zhào fēn wéi
根据公安部正式发布的《机动车驾驶证业务工作规范》，驾照分为A1、A2、A3、B1、B2、C1、C2、C3、C4、C5、D、E、F、M、N、

gè jí bié, jù tǐ duì yìng yuán zé rú xià
P16个级别，具体对应原则如下：

zhào dà xíng kè chē sī jī zhuān yòng
A照：大型客车司机专用

zhào dà xíng huò chē sī jī zhuān yòng
B照：大型货车司机专用

zhào xiǎo xíng qì chē sī jī de jià shǐ zhèng míng
C照：小型汽车司机的驾驶证明

zhào pǔ tōng sān lún mó tuō
D、E照：普通三轮摩托

zhào pǔ tōng liǎng lún mó tuō
E、F照：普通两轮摩托

zhào qīng biàn mó tuō chē
F照：轻便摩托车

zhào lún shì zì xíng jī xiè chē
M照：轮式自行机械车

zhào wú guǐ diàn chē
N照：无轨电车

zhào yǒu guǐ diàn chē
P照：有轨电车

chē zhǔ huàn chē shí jiù de jià zhào kě yǐ jì xù shǐ yòng xīn lǎo chē zhào de xiāng guān gēng huàn gōng zuò jiāng suí jī jìn xíng chē zhǔ kě zài bàn lǐ xíng shǐ zhèng nián jiǎn huò jià shǐ zhèng shěn yàn de shí hou gēng huàn xīn de jià zhào bú yòng tè dì dào chē guǎn suǒ bàn lǐ

车主换车时，旧的驾照可以继续使用，新老车照的相关更换工作将随机进行，车主可在办理行驶证年检或驾驶证审验的时候更换新的驾照，不用特地到车管所办理。

shā chē xué wen
剎车学问

shā chē shí rén huì wǎng qián chōng shì yīn wèi guàn xìng de zuò yòng guàn xìng shì wù tǐ de gù yǒu shǔ xìng yī qiè wù tǐ dōu jù yǒu guàn xìng qì chē jí shā chē hòu rén bǎo chí xiàng qián yùn dòng de zhuàng tài suǒ yǐ jiù huì xiàng qián chōng tóng yàng de dào li chē zài xiàng zuǒ zhuǎn wān de shí hou rén jiù huì xiàng yòu wāi chē xiàng yòu zhuǎn wān de shí hou rén jiù huì xiàng zuǒ wāi

刹车时人会往前冲是因为“惯性”的作用。惯性是物体的固有属性，一切物体都具有惯性。汽车急刹车后，人保持向前运动的状态，所以就会向前冲。同样的道理，车在向左转弯的时候，人就会向右歪，车向右转弯的时候，人就会向左歪。

wèi le bǎo hù sī jī de rén shēn ān quán sī jī zài kāi chē de shí hou
为了保护司机的人身安全，司机在开车的时候
bì xū yào jì shang ān quán dài qí shí bù guāng shì sī jī yào jì ān quán
必须要系上安全带。其实不光是司机要系安全
dài wǒ men píng shí zài zuò chē de shí hou yǒu ān quán dài de yě yī dìng
带，我们平时在坐车的时候，有安全带的也一定
yào jì shàng ān quán dài méi yǒu ān quán dài de yào zhuā jǐn fú shǒu yǐ bǎo
要系上安全带，没有安全带的要抓紧扶手，以保
zhèng wǒ men zì shēn de ān quán
证我们自身的安全。

lì jiāo qiáo
立交桥

wèi le bǎo zhèng chē liú chàng tōng bìng ān quán tōng guò jiāo chā lù kǒu
为了保证车流畅通并安全通过交叉路口，
nián měi guó xiū jiàn le dì yī zuò lì jiāo qiáo cóng cǐ chéng shì jiāo tōng
1928年美国修建了第一座立交桥，从此，城市交通
kāi shǐ yóu píng miàn zǒu xiàng lì tǐ
开始由平面走向立体。

lì jiāo qiáo bèi guǎng fàn yìng yòng yú gāo sù gōng lù hé chéng shì dào
立交桥被广泛应用于高速公路和城市道
lù zhōng de jiāo tōng fán máng dì duàn àn kuà yuè xíng shì fēn wéi kuà xiàn qiáo
路中的交通繁忙地段。按跨越形式分为跨线桥
shì lì jiāo qiáo hé
式立交桥和
dì dào qiáo qián
地道桥，前
zhě néng bǎo zhèng
者能保证
shàng xià céng chē
上下层车
liàng shùn lì tōng
辆顺利通
chàng yùn xíng
畅运行，
hòu zhě xiū jiàn
后者修建

时，须拆迁地下管线，附属工程量大，远不如修建跨线桥经济，但有时根据需要要有这种立交桥。

随着城市人口的不断增多，立交设施越来越被政府重视，城市立交桥的规模也越来越大，桥形设计也越来越复杂。立交桥已成为现代交通不可缺少的部分。

gōng lù 公路

gōng lù shì zhǐ lián jiē chéng shì zhī jiān chéng xiāng zhī jiān xiāng cūn yǔ xiāng cūn zhī jiān gōng kuàng jī de zhī jiān àn zhào guó jiā jì shù biāo zhǔn xiū jiàn de gōng gòng dào lù qí zhōng bāo kuò gāo sù gōng lù yī jí gōng lù èr jí gōng lù sān jí gōng lù sì jí gōng lù

公路是指连接城市之间、城乡之间、乡村与乡村之间、工矿基地之间按照国家技术标准修建的公共道路，其中包括高速公路、一级公路、二级公路、三级公路、四级公路。

dào lù shì gōng gè zhǒng qì chē hé xíng rén tōng xíng de gōng chéng shè shī àn qí shǐ yòng tè diǎn fēn wéi chéng shì dào lù gōng lù gāo sù gōng lù lín qū dào lù jí xiāng cūn dào lù děng qí zhōng chéng shì dào lù shì zhǐ chéng shì guī huà qū nèi de gōng gòng dào lù yì bān shè rén xíng dào chē xíng dào hé jiāo tōng gé lí shè shī děng bāo kuò chéng shì kuài sù lù chéng shì zhǔ gàn dào chéng shì cì gàn dào chéng shì zhí xiàn hú tong lǐ xiàng děng

道路是供各种汽车和行人通行的工程设施。按其使用特点分为城市道路、公路、高速公路、林区道路及乡村道路等。其中城市道路是指城市规划区内的公共道路，一般设人行道、车行道和交通隔离设施等。包括城市快速路、城市主干道、城市次干道、城市直线、胡同里巷等。

gāo sù gōng lù
高速公路

gāo sù gōng lù yǐ jing chéng le dāng jīn gōng lù jiāo tōng de dài míng
高速公路已经成了当今公路交通的代名
cí wēi yí qiān lǐ jìn zài zhǐ chǐ yǐ bù zài shì mèng xiǎng
词，“逶迤千里，近在咫尺”已不再是梦想。

zhōng guó dì yī tiáo gāo sù gōng lù shì shěn dà shěn yáng zhì dà
中国第一条高速公路是沈大（沈阳至大
lián gāo sù gōng lù gāo sù gōng lù de jiàn shè zhì liàng fēi cháng
连）高速公路。高速公路的建设质量非常
gāo lù jī jiē shi píng tǎn shàng xià pō bǐ jiào píng huǎn zhè yàng
高，路基结实、平坦，上下坡比较平缓，这样
qì chē zài gāo sù gōng lù shang xíng shǐ shí néng gòu jì kuài yòu píng wěn gāo sù gōng lù de lù
汽车在高速公路上行驶时能够既快又平稳。高速公路的路

面宽阔，中间有隔离带，来往的车辆各行其道，互不影响。高速公路和普通公路的一个明显区别是不设红绿灯，这样就能保证车辆始终高速、通畅地行驶。

另外，高速公路上没有路灯。高速公路上车流量大，车速快，照明要求高。如果仅以普通路灯来照明，路灯发出的照射光，容易使行驶中的司机目眩，从而影响驾驶。因此，除了途中的加油站、修理所、控制室等路段外，高速公路上通常不采用路灯照明。

国外高速公路的行车速度，大都在80千米/小时以上，一般是120千米/小时左右，有的国家达到150千米/小时或更高。我国规定平原区设计车速为120千米/小时，微丘区为100千米/小时，重丘区为80千米/小时，山岭区为60千米/小时。

gāo sù gōng lù yǔ pǔ tōng gōng lù de bù tóng
高速公路与普通公路的不同

shǒu xiān gāo sù gōng lù liǎng páng bù zāi shù rú guǒ zài gāo sù gōng
首先，高速公路两旁不栽树。如果在高速公
lù liǎng cè zāi shù suī rán kě yǐ zhē yīn bǎo hù lù jī dàn shì lù miàn
路两侧栽树，虽然可以遮阴、保护路基，但是路面
huì yīn cǐ biàn àn shù mù hái huì zǔ dǎng sī jī de shì xiàn lìng qí
会因此变暗，树木还会阻挡司机的视线，令其
hěn nán kàn qīng yuǎn chù lù miàn
很难看清远处路面
de qíng kuàng
的情况。

qí cì gāo sù gōng lù
其次，高速公路
shì wān qū de zhè shì yīn wèi bǐ
是弯曲的。这是因为笔
zhí de gāo sù gōng lù róng yì ràng
直的高速公路容易让
sī jī gǎn dào shì jué pí láo zhù
司机感到视觉疲劳，注
yì lì hěn nán jí zhōng wèi le jiě
意力很难集中。为了解
jué zhè ge wèn tí shè jì gāo sù
决这个问题，设计高速

gōng lù shí yào àn guī dìng shè jì chū qū zhé hé guǎi wān yóu yú qū zhé chù
公路时，要按规定设计出曲折和拐弯，由于曲折处
bàn jìng hěn dà sī jī měi féng guǎi wān chù jīng shen dōu yào zhèn zuò qǐ lai
半径很大，司机每逢拐弯处精神都要振作起来，
cóng ér jiǎn shǎo pí láo gǎn tóng shí chē sù yě bù yòng hěn xiǎo zhè yàng yě dà
从而减少疲劳感，同时车速也不用很小。这样也大
dà tí gāo le xíng chē de ān quán
大提高了行车的安全。

dì sān gè bù tóng shì gāo sù gōng lù shang méi yǒu lù dēng rú guǒ gěi
第三个不同是高速公路上没有路灯。如果给
gāo sù gōng lù shang ān zhuāng lù dēng lù miàn fǎn guāng hěn qiáng huì shǐ sī
高速公路上安装路灯，路面反光很强，会使司
jī gǎn dào huǎng yǎn yǐng xiǎng xíng chē de ān quán zài gāo sù gōng lù liǎng cè
机感到晃眼，影响行车的安全。在高速公路两侧
měi gé yī dìng jù lí ān zhì yǒu yī xiǎo kuài fǎn guāng bǎn tā biǎo miàn shì bō
每隔一定距离安置有一小块反光板，它表面是玻
li zhū zǔ chéng de fǎn guāng mó qí tā rú lù pái lù biāo děng yě dōu yǒu
璃珠组成的反光膜。其他如路牌、路标等也都有
zhè zhǒng fǎn guāng mó yè wǎn dàng chē dēng zhào dào fǎn guāng bǎn shang shí
这种反光膜。夜晚，当车灯照到反光板上时，
bō li wēi zhū jiù huì bǎ guāng xiàn fǎn shè huí lai yuǎn yuǎn kàn qù mǎ lù liǎng
玻璃微珠就会把光线反射回来，远远看去，马路两
biān zhēn xiàng ān le liǎng pái xiǎo dēng shì de bù guò tā men bù huì huǎng sī
边真像安了两排小灯似的，不过它们不会晃司
jī de yǎn chē yī guò qu hòu mian yòu biàn chéng qī hēi yī piàn
机的眼，车一过去，后面又变成漆黑一片。

我国道路编号规则
wǒ guó dào lù biān hào guī zé

gēn jù jiāo tōng bù guī dìng　　wǒ guó dào lù àn xíng zhèng děng jí fēn wéi
根据交通部规定，我国道路按行政等级分为

guó dào　　hán guó dào zhǔ gàn xiàn　　shěng dào　　xiàn dào sān jí　　yóu guó
国道（含国道主干线）、省道、县道三级，由国、

shěng xiàn sān zì hàn yǔ pīn yīn shǒu zì mǔ　　　　zuò wéi tā men gè zì
省、县三字汉语拼音首字母G、S、X作为它们各自

xiāng yìng de biāo shí fú　　biāo shí fú jiā shù zì zǔ chéng biān hào
相应的标识符，标识符加数字组成编号。

guó dào zhǔ gàn xiàn de biān hào　　yóu guó dào biāo shí fú　　　　zhǔ
1.国道主干线的编号，由国道标识符"G"、主

gàn xiàn biāo shí　　　　jiā liǎng wèi shù zì shùn xù hào zǔ chéng　guó dào fàng shè
干线标识"0"加两位数字顺序号组成。国道放射

G105	国道编号
S203	省道编号
X08	县道编号

xiàn biān hào　　yóu guó dào
线编号，由国道

biāo shí fú　　　　fàng
标识符"G"、放

shè xiàn biāo shí　　　　hé
射线标识"1"和

liǎng wèi shù zì shùn xù hào
两位数字顺序号

zǔ chéng　yǐ běi jīng wéi
组成，以北京为

qǐ shǐ diǎn　fàng shè xiàn
起始点，放射线

止点为终点，按路线的顺时针方向排列编号，如G101指京沈线（北京至沈阳）。国道南北纵线的编号，由国道标识符“G”、南北纵线标识“2”和两位数字顺序号组成，如G204指烟沪线（烟台至上海）。国道东西横线的编号，由国道标识符“G”、东西横线标识“3”和两位数字顺序号组成，如G318指沪聂线（上海至聂拉木）。

2. 省道的编号，以省级行政区域为范围编制，编号方法与国道主干线一样，只是将“G”换为“S”。如S1加两位数字表示省道放射线的编号，S2加两位数字表示南北纵线的编号，S3加两位数字表示省道东西横线的编号。

3. 县道原则上以所在行政区域为范围编制。

tǐng jiàn chuán de qū fēn

艇、舰、船的区分

xǔ duō rén fēn bù qīng tǐng jiàn chuán sān zhě de guān xi cháng cháng bǎ
许多人分不清艇、舰、船三者的关系，常常把
tā men hùn wéi yī tán qí shí tā men gēn běn bù shì yī huí shì
它们混为一谈，其实它们根本不是一回事。

tǐng hé jiàn shì gēn jù pái shuǐ liàng dà xiǎo dūn wèi lái qū fēn de pái shuǐ
艇和舰是根据排水量大小吨位来区分的，排水
liàng zài dūn yǐ xià de tōng chēng wéi tǐng dūn yǐ shàng de zé
量在500吨以下的通称为艇，500吨以上的，则
chēng wéi jiàn chuán shì zhǐ yī kào rén lì fēng fān fā dòng jī děng dòng
称为舰。船，是指依靠人力、风帆、发动机等动

lì néng zài shuǐ shang yí dòng de jiāo tōng shǒu duàn mín yòng chuán yī bān
力，能在水上移动的交通手段。民用船一般
chēng wéi chuán jūn yòng chuán chēng wéi jiàn xiǎo xíng chuán chēng wéi tǐng huò
称为船，军用船称为舰，小型船称为艇或
zhōu qí zǒng chēng wéi jiàn chuán huò chuán tǐng
舟，其总称为舰船或船艇。

hǎi jūn cháng shuō de jiàn tǐng shì duì hǎi jūn gè lèi tǐng jiàn chuán
海军常说的舰艇是对海军各类艇、舰、船
de zǒng chēng
的总称。

chuán bó yùn shū kòng zhì xì tǒng

船舶运输控制系统

shì jì nián dài háng yùn fā dá guó jiā wèi tí gāo yùn shū
20世纪50年代，航运发达国家为提高运输
xiào lǜ shǒu cì tí chū le chuán bó zì dòng huà de gài niàn tā shì
效率，首次提出了“船舶自动化”的概念，它是
gòu chéng chuán bó yùn shū kòng zhì xì tǒng de jī chǔ jīng guò duō nián de
构成船舶运输控制系统的基础，经过多年的
fā zhǎn xiàn zài zhǔ yào bāo kuò wú rén zhí bān jī cāng jí chéng jià shǐ xì
发展，现在主要包括无人值班机舱、集成驾驶系
tǒng huò yùn jiān kòng xì tǒng hé chuán bó guǎn lǐ xìn xī xì tǒng děng
统、货运监控系统和船舶管理信息系统等。

船舶运输控制系统是对船舶运输过程的有关信息进行传输、接收、存取、变换和反馈，并不断对过程进行调整和优化的控制管理一体化系统，涉及航海、通信、计算机、机电、自动控制、运输管理、船货代理、码头港务、商贸、金融及保险等专业技术。船队控制系统主要由企业管理业务网和船岸通信网组成。单船控制系统是一个船舶自动化局域网，并通过全球海上遇险与安全系统（GMDSS）进入船岸通信网，实现船岸一体化管理。

绿色的节能汽车

汽车节能就是减少汽车的燃料消耗量或是提高单位燃料的行驶里程。汽车环保广义上讲是指减少汽车生产、使用和报废过程中对人和环境的污染。我们这里所讲的汽车环保主要指使用过程中汽车排出的尾气和车辆产生的噪声对环境的污染。对于同一车辆，燃料消耗的减少意味着对环境污染的减少。所以，一般来讲，节能的实质也是环保。但环保技术的实现并非都可以同时达到节能的目的，如发动

jī wěi qì jìng huà zhuāng zhì rú guǒ yīn zhuāng zhì jié gòu pái qì fù yā chǔ
机尾气净化装置，如果因装置结构排气负压处
lǐ bù hǎo huì dǎo zhì fā dòng jī xiào lǜ xià jiàng yóu hào zēng jiā yīn cǐ
理不好会导致发动机效率下降，油耗增加。因此，
jǐn liàng jiǎn shǎo rán liào xiāo hào huò cǎi yòng tì dài rán liào huò zài bù zēng jiā rán
尽量减少燃料消耗或采用替代燃料或在不增加燃
liào é wài xiāo hào qián tí xia jiǎn shǎo pái fàng cái shì qì chē jié néng yǔ huán bǎo
料额外消耗前提下减少排放才是汽车节能与环保
de nǔ lì fāng xiàng
的努力方向。

zài duì chuán tǒng qì chē jìn xíng jì shù gǎi zào de guò chéng zhōng yě zhú
在对传统汽车进行技术改造的过程中也逐
jiàn xíng chéng le jù yǒu liáng hǎo huán bǎo néng yuán tè xìng de chún diàn dòng
渐形成了具有良好环保、能源特性的纯电动
qì chē hùn hé diàn dòng qì chē hé rán liào diàn chí diàn dòng qì chē děng wéi
汽车、混合电动汽车和燃料电池电动汽车等为
dài biǎo de xīn néng yuán qì chē de yán fā cháo liú hé chǎn yè huà rè diǎn qí
代表的新能源汽车的研发潮流和产业化热点。其
shí zài qián mian tí jí xīn xíng rán liào shí yǐ jing tí jí qí tā xīn néng yuán qì
实在前面提及新型燃料时已经提及其他新能源汽
chē rú yā suō tiān rán qì qīng rán liào hé chéng rán liào yè huà shí
车，如压缩天然气、氢燃料、合成燃料、液化石
yóu qì hé chún mí rán liào qì chē děng xiàn yú piān fu zhè li zhī duì diàn dòng
油气和醇醚燃料汽车等，限于篇幅这里只对电动
qì chē jì shù jìn xíng tàn tǎo diàn dòng qì chē yīn wū rǎn xiǎo jié yuē néng
汽车技术进行探讨。电动汽车因污染小、节约能
yuán néng gǎi shàn néng yuán xiāo hào jié gòu hé diàn wǎng fù hè yǐ jing chéng
源、能改善能源消耗结构和电网负荷，已经成
wéi shì jì zhòng yào de lǜ sè jiāo tōng gōng jù
为21世纪重要的绿色交通工具。

chún diàn dòng qì chē
纯电动汽车

chún diàn dòng qì chē shì zhǐ cǎi yòng xù diàn chí zuò wéi néng liàng cún chǔ dān
纯电动汽车是指采用蓄电池作为能量存储单
yuán cǎi yòng diàn jī wéi qū dòng xì tǒng de chē liàng jiù mù qián de dòng lì
元，采用电机为驱动系统的车辆。就目前的动力
diàn chí de jì shù shuǐ píng xiǎo xíng sì lún chún diàn dòng qì chē jì shù shāng yè
电池的技术水平，小型四轮纯电动汽车技术商业
huà tiáo jiàn yǐ jing jù bèi kě yǐ zuò wéi duǎn jù lí shàng bān zú de dài bù jiāo
化条件已经具备，可以作为短距离上班族的代步交
tōng gōng jù huò zuò wéi chū zū chē yǔ yǐ tuī guǎng dà xíng chún diàn dòng chē liàng
通工具或作为出租车予以推广。大型纯电动车辆
zhǔ yào yòng yú tè shū chǎng hé rú jī chǎng hé shì qū yě yǒu cǎi yòng chāo
主要用于特殊场合，如机场和市区。也有采用超
jí diàn róng de chún diàn dòng dà kè chē shí jiàn zhèng míng qí jù
级电容的纯电动大客车，实践证明其具

bèi tuī guǎng jià zhí　chún diàn dòng jiào chē yí cì chōng diàn xù shǐ lǐ chéng yìng
备推广价值。纯电动轿车一次充电续驶里程应
bù dī yú　qiān mǐ　zuì gāo shí sù kě dá dào　qiān mǐ　tā yī lài
不低于200千米，最高时速可达到120千米。它依赖
yú diàn chí de jì shù jìn bù　mù qián bù jù bèi dà pī liàng shāng yè huà de tiáo
于电池的技术进步，目前不具备大批量商业化的条
jiàn　chún diàn dòng qì chē de hé xīn jì shù shì diàn jī diàn kòng jì shù　diàn chí
件。纯电动汽车的核心技术是电机电控技术、电池
zǔ néng liàng guǎn lǐ jì shù děng
组能量管理技术等。

tōng guò jìn wǔ nián de nǔ lì　wǒ guó mù qián yǐ jing shí xiàn le chún
通过近五年的努力，我国目前已经实现了纯
diàn dòng qì chē de xiǎo pī liàng shēng chǎn　kāi fā de chún diàn dòng jiào chē hé
电动汽车的小批量生产，开发的纯电动轿车和
chún diàn dòng kè chē jūn yǐ tōng guò le guó jiā qì chē chǎn pǐn xíng shì rèn zhèng
纯电动客车均已通过了国家汽车产品型式认证，
chún diàn dòng jiào chē de dòng lì xìng　jīng jì xìng　xù shǐ lǐ chéng　zào shēng
纯电动轿车的动力性、经济性、续驶里程、噪声
děng zhǐ biāo yǐ chāo guò fǎ guó xuě tiě lóng gōng sī děng guó wài dà xíng qì chē
等指标已超过法国雪铁龙公司等国外大型汽车
shēng chǎn qǐ yè yán zhì de chún diàn dòng jiào chē hé xiāng shì huò chē　chū bù
生产企业研制的纯电动轿车和箱式货车，初步
xíng chéng le guān jiàn jì shù de yán fā néng lì　chún diàn dòng qì chē zài tè
形成了关键技术的研发能力，纯电动汽车在特
dìng qū yù de shāng yè huà yùn zuò zhèng zài guǎng fàn kāi zhǎn
定区域的商业化运作正在广泛开展。

hùn hé dòng lì qì chē

混合动力汽车

hùn hé dòng lì qì chē shì zhǐ yóu liǎng gè huò duō gè néng lián hé huò dān
混合动力汽车是指由两个或多个能联合或单
dú yùn zhuǎn de qū dòng xì tǒng qū dòng de qì chē
独运转的驱动系统驱动的汽车。

àn zhào gōng lǜ fǔ zhù xíng shì yòu kě fēn wéi xù shǐ lǐ chéng yán cháng
按照功率辅助形式又可分为续驶里程延长
xíng gōng lǜ fǔ zhù xíng shuāng mó shì xíng děng xiàn zài yǐ jing shì chǎng huà de
型、功率辅助型、双模式型等。现在已经市场化的
shì yóu diàn hùn hé diàn dòng qì chē qí zhōng wēi hùn hé diàn dòng qì chē yīng
是油电混合电动汽车，其中微混合电动汽车应

bǐ cháng guī qì chē jiǎn shǎo yǐ shàng de néng yuán xiāo hào qīng dù hùn hé
比常规汽车减少3%以上的能源消耗，轻度混合
diàn dòng qì chē yóu hào yīng bǐ chuán tǒng rán liào qì chē jié néng yǐ shàng
电动汽车油耗应比传统燃料汽车节能15%以上，
quán hùn hé dòng lì qì chē yīng bǐ tóng jí chuán tǒng rán liào chē jiǎn shǎo yǐ
全混合动力汽车应比同级传统燃料车减少30%以
shàng rán liào xiāo hào yóu yú chún diàn dòng qì chē xù shǐ lǐ chéng duǎn hé gāo
上燃料消耗。由于纯电动汽车续驶里程短和高
áng de diàn chí chéng běn gěi diàn dòng qì chē shāng yè huà tuī guǎng yìng yòng dài lái
昂的电池成本给电动汽车商业化推广应用带来
hěn duō wèn tí suǒ yǐ mù qián hùn hé dòng lì qì chē jì shù shì xīn néng yuán
很多问题，所以目前混合动力汽车技术是新能源
chē liàng de zhǔ liú jì shù
车辆的主流技术。

hùn hé dòng lì qì chē de hé xīn jì shù shì dòng lì zǒng chéng jì shù
混合动力汽车的核心技术是动力总成技术、
xì tǒng jí chéng pǐ pèi jì shù yǐ jí chē zài néng yuán jì shù hé zhěng chē kòng
系统集成匹配技术以及车载能源技术和整车控
zhì yǔ néng liàng guǎn lǐ jì shù děng hùn hé dòng lì diàn dòng jiào chē duō cǎi
制与能量管理技术等。混合动力电动轿车多采
yòng bìng lián hé hùn lián jì shù hùn hé dòng lì diàn dòng gōng gòng qì chē
用并联和混联技术，混合动力电动公共汽车
yǐ chuàn lián jì shù wéi zhǔ guó jì shang jiào chē shāng yè xiāo shòu chéng jì
以串联技术为主。国际上轿车商业销售成绩
fěi rán ér dà kè chē yǐ jing dà guī mó shì fàn jǐn měi guó jiù yǒu gè
斐然，而大客车已经大规模示范，仅美国就有15个
chéng shì wǒ guó yī qì dōng fēng cháng ān qí ruì děng qì chē jí tuán
城市。我国一汽、东风、长安、奇瑞等汽车集团
gōng sī dōu tóu rù le jiào dà rén lì wù lì lái wán chéng gè chē xíng gōng
公司都投入了较大人力、物力来完成各车型功
néng yàng chē de kāi fā xìng néng yàng chē kāi fā hé chǎn yè huà zhǔn bèi jī
能样车的开发，性能样车开发和产业化准备基
běn shang wán chéng zài kòng zhì hùn lián jī diàn ǒu hé jié gòu fāng àn děng
本上完成，在控制、混联机电耦合结构方案等
fāng miàn yě qǔ dé le xǔ duō de jì shù chuàng xīn chéng guǒ
方面也取得了许多的技术创新成果。

yùn hé
运河

yùn hé shì yī zhǒng rén gōng kāi záo de háng yùn qú dào kě yǐ yòng lái
运河是一种人工开凿的航运渠道，可以用来
gōu tōng jiāng hé hú pō hǎi yáng děng shuǐ yù bìng néng gǎi shàn háng yùn
沟通江河、湖泊、海洋等水域，并能改善航运
tiáo jiàn suō duǎn jiāo tōng yùn shū de shí jiān hé jù lí
条件，缩短交通运输的时间和距离。

zhōng guó shì shì jiè shang zuì zǎo kāi tōng yùn hé de guó jiā zǎo zài
中国是世界上最早开通运河的国家，早在
duō nián qián jiù kāi wā le duō qiān mǐ cháng de líng qú jīng háng
2000多年前就开挖了30多千米长的灵渠。京杭
dà yùn hé shì shì jiè shang zuì cháng de yùn hé tā jiāng hǎi hé huáng hé
大运河是世界上最长的运河，它将海河、黄河、
huái hé cháng
淮河、长
jiāng qián táng
江、钱塘
jiāng wǔ dà
江五大
shuǐ xì hé dà
水系和大
piàn dì qū lián
片地区联
xì qǐ lai
系起来，

chéng le zhōng guó lì shǐ shang míng fù qí shí de dì yī tiáo guàn tōng nán běi de
成了中国历史上名副其实的第一条贯通南北的
yùn shū dà dòng mài
运输大动脉。

yǒu hé jiù yǒu qiáo rén men zài jiàn zào qiáo liáng shí huì yù dào zhè
有河就有桥，人们在建造桥梁时会遇到这
yàng de máo dùn qiáo miàn zào de tài gāo huì zēng dà shàng xià qiáo de pō
样的矛盾：桥面造得太高，会增大上下桥的坡
dù hé zào qiáo de nán dù qiáo miàn zào de tài dī suī rán jiàn qiáo hé qiáo
度和造桥的难度；桥面造得太低，虽然建桥和桥
shang de tōng xíng fāng biàn le dàn què huì xiàn zhì jiào dà de chuán zhī zài hé
上的通行方便了，但却会限制较大的船只在河
zhōng háng xíng suǒ yǐ yǒu rén shè jì le qiáo miàn néng gòu kāi qǐ de huó
中航行。所以，有人设计了桥面能够开启的活
dong qiáo shǐ qiáo miàn bù bì zào de tài gāo tóng shí yòu bù fáng ài chuán
动桥，使桥面不必造得太高，同时又不妨碍船
zhī shùn lì tōng xíng
只顺利通行。

huán bǎo chū xíng de zì xíng chē
环保出行的自行车

zì xíng chē chú le dī tàn jīng jì fāng biàn líng huó yǐ wài hái yǒu qiáng shēn jiàn tǐ de gōng néng chàng dǎo hé tuī dòng jiàn kāng chū xíng jù yǒu zhòng yào de yì yì shí jì shang zì xíng chē zuò wéi yī zhǒng lǜ sè jiāo tōng gōng jù zǎo yǐ shòu dào fā dá guó jiā de zhòng shì zì xíng chē jiāo tōng xùn sù fā zhǎn dà dà tí gāo le zì xíng chē jiāo tōng de bǐ lǜ xiào lǜ hé ān quán xìng cǎi qǔ jī dòng chē dào hé zhuān yòng de zì xíng chē dào fēn liú yě shǐ jī dòng chē jiāo tōng sù dù dé dào tí gāo chéng shì dào lù zuò wéi yī zhǒng gōng gòng zī yuán

自行车除了低碳、经济、方便、灵活以外，还有强身健体的功能。倡导和推动健康出行，具有重要的意义。实际上，自行车作为一种绿色交通工具，早已受到发达国家的重视。自行车交通迅速发展，大大提高了自行车交通的比率、效率和安全性。采取机动车道和专用的自行车道分流，也使机动车交通速度得到提高。城市道路作为一种公共资源，

lǐ yìng bèi gōngping hé lǐ de fēn pèi shǐ yòng cóng lù miàn shǐ yòng qíng kuàng lái
理应被公平合理地分配使用。从路面使用情况来
kàn xíng rén zì xíng chē qì chē dà yuē gè zhàn sān fēn zhī yì rú guǒ
看，行人、自行车、汽车大约各占三分之一。如果
àn zhào chū xíng rén shù lái fēn pèi chéng shì de dào lù kōng jiān sān fēn zhī èr
按照出行人数来分配城市的道路空间，三分之二
yǐ shàng de dào lù dōu yīng gāi fēn pèi gěi xíng rén hé zì xíng chē wú lùn shè huì
以上的道路都应该分配给行人和自行车。无论社会
zěn yàng fā zhǎn bù guǎn chéng shì duō me yōu měi zì xíng chē dōu bú huì xiāo
怎样发展，不管城市多么优美，自行车都不会销
shēng nì jì zài dà lì fā zhǎn jī dòng chē de tóng shí lǐ yīng gěi zì xíng
声匿迹。在大力发展机动车的同时，理应给自行
chē dào liú xia yìng yǒu de kōng jiān ràng zì xíng
车道留下应有的空间。让自行
chē yǔ jī dòng chē yōng yǒu tóng děng de tōng xíng
车与机动车拥有同等的通行
quán lì hé tiáo jiàn shì chàng dǎo zì xíng chē
权利和条件，是倡导自行车
chūxíng de qián tí yǔ jī chǔ
出行的前提与基础。

zì xíng chē chū xíng shì fǒu fāng biàn
自行车出行是否方便，
yě shì héng liáng chéng shì shēng huó xìng fú
也是衡量城市生活幸福、
shè huì hé xié de yí gè zhòng yào zhǐ biāo
社会和谐的一个重要指标。

jiàn kāng chū xíng jù yǒu duō fāng miàn yì
健康出行具有多方面益
chu yí shì tí gāo xiào lǜ tā gǎi shàn jiāo
处。一是提高效率。它改善交

tōng zhuàng kuàng jiǎn shǎo jī dòng chē duì dào lù zī yuán de zhàn yòng huǎn jiě
通状况，减少机动车对道路资源的占用，缓解
jiāo tōng yōng dǔ cóng ér shǐ chéng shì zǒng tǐ de chū xíng shí jiān jiǎn shǎo
交通拥堵，从而使城市总体的出行时间减少。

èr shì jié yuē néng yuán jiàn kāng chū xíng kě yǐ jiǎn shǎo chéng shì dào
二是节约能源。健康出行可以减少城市道
lù tíng chē chǎng děng jiāo tōng shè shī de xū qiú jiàn shè hé wéi hù fèi yong
路、停车场等交通设施的需求、建设和维护费用。
hái kě yǐ jiǎn shǎo jiāo tōng fèi hé yóu hào jiàng dī chéng shì yùn yíng chéng běn hé
还可以减少交通费和油耗，降低城市运营成本和
jié yuē néng yuán
节约能源。

sān shì cù jìn huán bǎo jī dòng chē pái fàng de dà liàng yǒu dú yǒu hài
三是促进环保。机动车排放的大量有毒有害
wū rǎn wù yán zhòng yǐng xiǎng kōng qì zhì liàng bìng duì rén tǐ jiàn kāng zào chéng
污染物，严重影响空气质量并对人体健康造成
wēi hài jiǎn shǎo xiǎo qì chē de shǐ yòng kě yǐ jiàng dī chéng shì kōng qì wū
危害。减少小汽车的使用，可以降低城市空气污
rǎn yǒu zhù yú chuàng jiàn yí jū de chéng shì huán jìng
染，有助于创建宜居的城市环境。

sì shì yǒu yì jiàn kāng shì mín jiàn kāng chū xíng kě yǐ zēng jiā duàn liàn de
四是有益健康。市民健康出行可以增加锻炼的
jī hui bǎo chí shēn tǐ jiàn kang zài chéng shì yīng gāi ràng qì chē sù dù màn
机会，保持身体健康。在城市，应该让汽车速度慢
xià lai ràng zì xíng chē kuài qǐ lai ràng bù xíng shū fu qǐ lai
下来，让自行车快起来，让步行舒服起来。

shuǐshàng fēi jī
水上飞机

shuǐ shàng fēi jī shì zhǐ néng zài shuǐ miàn shang qǐ fēi jiàng luò hé tíng
水上飞机是指能在水面上起飞、降落和停
bó de fēi jī yǒu de fēi jī néng tóng shí zài shuǐ shàng lù shàng jī chǎng qǐ
泊的飞机。有的飞机能同时在水上、陆上机场起
jiàng chēng wéi liǎng qī fēi jī
降，称为两栖飞机。

shuǐ shàng fēi jī gēn pǔ tōng fēi jī yī yàng yě yóu jī shēn jī yì
水上飞机跟普通飞机一样，也由机身、机翼、
fā dòng jī cāo zòng xì tǒng hé qǐ luò jià wǔ bù fen zǔ chéng shuǐ shàng fēi
发动机、操纵系统和起落架五部分组成。水上飞
jī de fā dòng jī duō wéi luó xuán jiǎng shì ān zhuāng zài lí shuǐ miàn jiào yuǎn
机的发动机多为螺旋桨式，安装在离水面较远
de jī yì huò jī
的机翼或机
shēn shàng bù
身上部，
mù dì shì fáng zhǐ
目的是防止
bèi shuǐ liú chōng
被水流冲
jī wèi le gèng
击。为了更
hǎo de shì yìng
好地适应

水上航行，有的水上飞机机身设计成快艇形状，有的还在机翼下面装有一对浮筒。

水上飞机的优势在于可在水域辽阔的江河湖海水面上使用，安全性好，地面辅助设施较经济，飞机吨位不受限制；缺陷主要是受船体形状限制，不适于高速飞行，机身结构重量大，抗浪性要求高，维修不便以至于制造成本高。

水上飞机运用也很广，在军事上可用于侦察、反潜和救援活动，在民用方面可用于运输、森林消防等。

hòu chuāng wén huà
“后窗文化”

zǒu zài mǎ lù shang wǒ mén huì kàn dào qì chē hòu chuāng shang xíng xíng sè
走在马路上，我们会看到汽车后窗上形形色

sè de gè xìng biāo yǔ yǒu yǎn biàn chéng qì chē hòu chuāng wén huà de
色的个性标语，有演变成汽车“后窗文化”的

qū shì nèi róng zhǔ tí duō shì gēn jiāo tōng yǒu guān de huī xié yòng yǔ
趋势，内容主题多是跟交通有关的诙谐用语：

shàn jí shā
擅急刹！

bié huāng lí wǒ yuǎn diǎn wǒ huāng
别慌！离我远点！我慌！

bié wěn wǒ de pì gu wǒ pà xiū xiū
别吻我的屁股！我怕修（羞）！

nǐ xiān zǒu wǒ yǎn hù
你先走，我掩护！

jīng cháng cuò guà dǎo chē dǎng
经常错挂倒车挡！！

shā chē bù guǎn qián hòu zhuǎn wān bù kàn zuǒ yòu lí wǒ yuǎn diǎn
刹车不管前后，转弯不看左右。离我远点！

céng jīng kāi de shì pèng peng chē
曾经开的是碰碰车！

xīn chē xīn běn xīn huāng
新车新本心慌！

dà líng nǚ sī jī duō guān zhào
大龄女司机，多关照！

nín shì shī fu suí biàn chāo
您是师傅随便超！

xīn shǒu shǒu cháo yuè cuī yuè miàn
新手手潮，越催越面！

nǚ sī jī mó hé tóu yī cì nǚ mó tóu
女司机+磨合+头一次=女魔头。

dāng nín kàn dào zhè háng zì shí nín de chē lí wǒ tài jìn le
当您看到这行字时，您的车离我太近了！

xīn chē shàng lù nèi yǒu shā shǒu
新车上路，内有“杀手”！

zuó tiān lǐng zhèng gāo xìng
昨天领证，高兴 ing……

chū lǐng jià zhào qǐng duō guān zhào
初领驾照，请多关照。

wǒ hěn jiāo xiǎo jīng bù qǐ nǐ de kuáng wěn
我很娇小，经不起你的狂吻！

qǐng bù yào ràng wǒ men yīn xiāng wěn ér xiāng shí
请不要让我们因相吻而相识！

lái ya lái zhuàng wǒ a
来呀，来撞我啊！

bǎo hù xīn shǒu rén rén yǒu zé
保护新手，人人有责！

zhù yì zài yī miǎo wǒ jiù yào dào chē le
注意！再一秒我就要倒车了！！

qǐng nǐ bù yào wěn zhù wǒ wǒ jīn tiān méi yǒu shuā yá la
请你不要吻住我！我今天没有刷牙啦！

bié guài wǒ guài jià xiào
别怪我，怪驾校！

bié lǎo gēn zhe wǒ wǒ yě mí lù le
别老跟着我，我也迷路了！

xíng li xiāng nèi qì yóu sān tǒng
行李箱内，汽油三桶。

dì yī gè nǚ sī jī
第一个女司机

shì jiè shang dì yī gè nǚ sī jī shì xiàn dài qì chē zhī fù kǎ ěr běn
世界上第一个女司机是现代汽车之父卡尔·本
cí de qī zi bèi ěr nà běn cí
茨的妻子贝尔娜·本茨。

nián dé guó rén kǎ ěr běn cí fā míng le qì chē bìng zài shí
1885年，德国人卡尔·本茨发明了汽车并在实
yàn shì li wán chéng le qì chē shí wù yàng běn dāng shí de rén men duì qì yóu
验室里完成了汽车实物样本。当时的人们对汽油
de bào zhà yǒu kǒng jù xīn lǐ qì chē yě yīn cǐ bèi shì wéi guài wu ér qiě
的爆炸有恐惧心理，汽车也因此被视为怪物，而且
kǎ ěr fā míng
卡尔发明
de dì yī liàng qì
的第一辆汽
chē hái jīng cháng
车还经常
pāo máo kǎ ěr
抛锚，卡尔
hěn hài pà dāng
很害怕当
zhòng chū chǒu
众出丑，
bù gǎn zài gōng
不敢在公

kāi chǎng hé jià shǐ qì chē dàn shì rú guǒ yǒng yuǎn bù néng pāo tóu lù miàn
开场合驾驶汽车。但是如果永远不能抛头露面，
fā míng de qì chē jiù huì yǒng yuǎn gē qiǎn zài shí yàn shì li kǎ ěr tòng kǔ
发明的汽车就会永远搁浅在实验室里，卡尔痛苦
wàn fēn
万分。

bèi ěr nà jiàn zì jǐ de zhàng fu rú cǐ bēi tòng xīn zhōng àn àn zháo
贝尔娜见自己的丈夫如此悲痛，心中暗暗着
jí yī tiān tā mán zhe zhàng fu cóng shí yàn shì li lā chū zhè liàng qì
急。一天，她瞒着丈夫从实验室里拉出这辆汽
chē jià chē xiàng jiē shang bēn chí ér qù zhè yī lù tā zǒu zǒu tíng tíng
车，驾车向街上奔驰而去，这一路她走走停停，
lì jīng kǎn kě zhōng yú bǎ shì jiè shang dì yī liàng qì chē kāi dào duō
历经坎坷，终于把世界上第一辆汽车开到100多
qiān mǐ wài de niáng jia niáng jia rén jí chéng qiān shàng wàn de mù jī zhě duì
千米外的娘家。娘家人及成千上万的目击者对
bèi ěr nà de yǒng gǎn zàn tàn bù yǐ tóng shí dì yī liàng qì chē yě zhōng
贝尔娜的勇敢赞叹不已，同时，第一辆汽车也终
yú bèi rén men rèn kě
于被人们认可。

bèi ěr nà yīn cǐ chéng wéi shì jiè shang dì yī gè jià shǐ qì chē de nǚ
贝尔娜因此成为世界上第一个驾驶汽车的女
sī jī
司机。

gōng jiāo kǎ
公交IC卡

gōng jiāo kǎ shì tōng guò wú xiàn fāng shì yǔ dú xiě shè bèi chuán dì xìn
公交IC卡是通过无线方式与读写设备传递信
xī de jù yǒu cún chǔ jiā mì hé jì suàn néng lì wài xíng yǔ pǔ tōng xìn
息的，具有存储、加密和计算能力，外形与普通信
yòng kǎ xiāng sì chéng kè chéng chē shí zhǐ xū zài jù lí dǎ kǎ qū miàn lí
用卡相似。乘客乘车时只需在距离打卡区面10厘
mǐ yǐ nèi yī huàng tīng dào dī de gào shi shēng jiù kě yǐ le shǐ yòng
米以内一晃，听到“嘀”的告示声就可以了，使用
qǐ lai fāng biàn kuài jié
起来方便、快捷。

gōng jiāo kǎ de shǐ yǒng tí gāo le shòu piào rén yuán de gōng zuò xiào
公交IC卡的使用提高了售票人员的工作效
lǜ fāng biàn le chéng kè jiàng dī le yùn yíng chéng běn shì gōng jiāo qǐ
率，方便了乘客，降低了运营成本，是公交企
yè shòu piào fāng shì de zhòng dà gǎi jìn yě shì chéng shì xíng xiàng de
业售票方式的重大改进，也是城市形象的
zhòng yào zǔ chéng bù fen shì xiàn dài
重要组成部分，是现代
kē jì yǔ shè huì wén míng de gāo dù
科技与社会文明的高度
róng hé
融合。

mǔ dan jiāo tōng kǎ
牡丹交通卡

mǔ dan jiāo tōng kǎ shì yóu běi jīng shì gōng ān jiāo tōng guǎn lǐ jú yǔ běi
牡丹交通卡是由北京市公安交通管理局与北
jīng shì gōng shāng yín háng hé zuò kāi fā de yī zhǒng jí chéng diàn lù zhì néng
京市工商银行合作开发的一种集成电路智能
xìn xī kǎ gāi kǎ cún chǔ zhe jià shǐ yuán xìng míng dàng àn biān mǎ shēn fèn
信息卡，该卡存储着驾驶员姓名、档案编码、身份
zhèng hào zhǔn jià chē xíng chū lǐng zhèng rì qī jiāo tōng wéi fǎ xíng wéi jí
证号、准驾车型、初领证日期、交通违法行为及
chǔ fá jì lù jiāo tōng shì gù jí chǔ lǐ qíng kuàng shěn yàn jì lù lǐng
处罚记录、交通事故及处理情况、审验记录、领
kǎ rì qī děng jī běn xìn xī yǐ jí jià shǐ yuán gè rén jīn róng xìn xī yòng yú
卡日期等基本信息以及驾驶员个人金融信息，用于
gōng ān jiāo tōng
公安交通
guǎn lǐ jī guān
管理机关
duì jī dòng chē
对机动车
jià shǐ yuán jiāo
驾驶员交
tōng wéi fǎ xíng
通违法行
wéi jí shì gù chǔ
为及事故处

fá shěn yàn fǎ guī péi xùn jì fēn děng xiàng guǎn lǐ tóng shí jù yǒu
罚，审验、法规培训、记分等项管理，同时具有
jīn róng fú wù gōng néng
金融服务功能。

mǔ dan jiāo tōng kǎ shí xiàn le duì jià shǐ yuán rì cháng qíng kuàng de xiàn
牡丹交通卡实现了对驾驶员日常情况的现
dài xìn xī huà guǎn lǐ jiǎn huà le jiāo tōng jǐng chá gōng zuò shǒu xù tí gāo
代信息化管理，简化了交通警察工作手续，提高
le zhí fǎ xiào lǜ hé zhí fǎ shuǐ píng biàn lì le qún zhòng
了执法效率和执法水平，便利了群众。

luó xuán xíng de shān shàng gōng lù
螺旋形的山上公路

shān shàng de gōng lù duō shì pán xuán shàng shēng de rú guǒ xiàng zài píng yuán shang nà yàng xiū yī tiáo bǐ zhí de gōng lù shì bì pō dù hěn dà cóng ér shǐ chē liàng de xià huá lì chāo guò lún zi duì gōng lù lù miàn de fù zhuó lì zào chéng de jié guǒ shì lián rén dài chē shuāi xia qu chū xiàn yán zhòng jiāo tōng shì gù suǒ yǐ zhè zhǒng fāng fǎ shì xíng bù tōng de ràng gōng lù zài shān pō shang xiàng luó xuán yī yàng pán shàng qu jiù néng dà dà jiàng dī gōng lù de pō dù zhè yàng xíng shǐ qǐ lai bǐ jiào ān quán qì chē yě bù chī lì

山上的公路多是盘旋上升的，如果像在平原上那样修一条笔直的公路，势必坡度很大，从而使车辆的下滑力超过轮子对公路路面的附着力，造成的结果是连人带车摔下去，出现严重交通事故，所以这种方法是行不通的。让公路在山坡上像螺旋一样盘上去，就能大大降低公路的坡度，这样行驶起来比较安全，汽车也不吃力。

cáo yùn lì shǐ
漕运历史

cáo yùn shì wǒ guó gǔ dài yī xiàng zhòng yào de yùn shū xíng wéi tā
漕运是我国古代一项重要的运输行为，它
shì lì yòng shuǐ dào diào yùn liáng shi de yī zhǒng zhuān yè yùn shū fāng shì zhōng
是利用水道调运粮食的一种专业运输方式。中
guó lì cháo lì dài yùn sòng gěi gōng tíng xiāo fèi bǎi guān fèng lù jūn xiǎng
国历朝历代运送给宫廷消费、百官俸禄、军饷
zhī fù hé mín shí tiáo jì de liáng shi chēng cáo liáng cáo liáng de yùn shū jiù
支付和民食调剂的粮食称漕粮，漕粮的运输就
chēng wéi cáo yùn
称为漕运。

zǎo zài qín shǐ huáng shí dài zhōng guó jiù yǒu le cáo yùn zì qín shǐ huáng
早在秦始皇时代中国就有了漕运。自秦始皇
tǒng yī zhōng guó hòu zhuǎn cáo wèn tí jiù shì yùn dōng fāng de liáng shi yǐ sì
统一中国后，转漕问题就是运东方的粮食以食
cháng ān cóng quán jú
长安。从全局
lái kàn zuì zhòng yào
来看，最重要
de zhuǎn yùn zhōng xīn zài
的转运中心在
zhōng yuán qín cháo shí
中原，秦朝时
quán guó zuì dà de liáng
全国最大的粮

仓敖仓在成皋（今河南荥阳西五里），西汉时东方的粮谷多从此西运，东汉时置敖仓官。隋初除自东向西调运外，还从长江流域转漕北上。隋炀帝动员大量人力开凿通济渠，连接黄河、淮河、长江三大水系，形成沟通南北的新的漕运通道，奠定了后世大运河的基础。唐、宋、元、明、清历代均重视漕运，为此，疏通了南粮北调所需的网道并建立了漕运仓储制度。历代漕运都保证了京师和北方军民所需粮食，而且运粮时可兼带商货，有利于沟通南北经济和商品流通；但它又是人民的一项沉重负担，不但运费代价过高，而且让人民以漕运为由服徭役以致贻误农时。

随着商品经济发展，漕运已非必需。1901年，清政府下令停止了漕运。

shì jiè zhù míng dà qiáo
世界著名大桥

xī ní dà qiáo jiàn chéng yú nián hào chēng shì jiè dì yī dān
悉尼大桥，建成于1930年，号称世界第一单
kǒng gǒng qiáo wèi yú ào dà lì yà xī ní shì qiáo miàn kuān mǐ kě
孔拱桥，位于澳大利亚悉尼市。桥面宽49米，可
tōng xíng gè zhǒng qì chē zhōng jiān pū shè yǒu shuāng guǐ tiě lù liǎng cè rén xíng
通行各种汽车，中间铺设有双轨铁路，两侧人行
dào gè kuān mǐ
道各宽3米。

jīn mén dà qiáo shì shì jiè zhù míng dà qiáo zhī yī bèi yù wéi jìn dài qiáo
金门大桥是世界著名大桥之一，被誉为近代桥
liáng gōng chéng de yī xiàng qí jì zuò luò yú měi guó jiā lì fú ní yà
梁工程的一项奇迹，坐落于美国加利福尼亚
zhōu de jīn mén hǎi
州的金门海
xiá zhī shàng bèi rèn
峡之上，被认
wéi shì jiù jīn shān
为是旧金山
de xiàng zhēng
的象征。
dà qiáo xióng wěi
大桥雄伟
zhuàng guān yǒu
壮观，有

rú jīn sè zhī mén
如“金色之门”。

míng shí hǎi xiá dà qiáo quán cháng mǐ lián jiē rì běn de běn zhōu
明石海峡大桥全长 1990 米，连接日本的本州

yǔ sì guó nián jiàn chéng
与四国，1997 年建成。

hēng bó wān dà qiáo quán cháng mǐ wèi yú yīng guó hēng bó
亨伯湾大桥全长 1410 米，位于英国亨伯

wān nián jiàn chéng
湾，1980 年建成。

wéi lā zhā nuò hǎi xiá dà qiáo quán cháng mǐ wèi yú měi guó niǔ
韦拉扎诺海峡大桥全长 1298 米，位于美国纽

yuē nián jiàn chéng
约，1964 年建成。

bā lín shā tè ā lā bó kuà hǎi dà qiáo wèi yú bō sī wān quán cháng
巴林—沙特阿拉伯跨海大桥位于波斯湾，全长

25千米，一度为世界最长。

厄尔松海峡桥连接瑞典和丹麦，总长16千米，是世界最长的公路铁路两用斜拉桥，2000年通车。

联邦桥位于加拿大，总长12.9千米，是世界上最长的穿过冰覆盖水域的桥，1997年通车。

奥克兰港湾大桥全长1079米，有8条平行车道，是新西兰唯一的港口桥。

澳凼大桥位于澳门半岛与凼仔岛间，全长2569.8米，引桥长2090米，桥面宽9.2米，由6个桥墩支撑，最大跨度为73米，高35米，1974年通车，为澳门八景之一。

jiān gù de zhào zhōu qiáo
坚固的赵州桥

zhào zhōu qiáo shì suí cháo dà yè nián jiān jiàn chéng de dào xiàn zài yǐ jing
赵州桥是隋朝大业年间建成的，到现在已经
yǒu nián de lì shǐ le tā xiàn zài réng rán jiān gù rú chū lì jīng qiān
有1400年的历史了。它现在仍然坚固如初，历经千
nián ér bù huǐ shì zhōng huá mín zú wěi dà zhì huì de jié jīng
年而不毁，是中华民族伟大智慧的结晶。

zhào zhōu qiáo shì dān kǒng shí gǒng qiáo tā de zhǔ qiáo kǒng yóu dào
赵州桥是单孔石拱桥，它的主桥孔由28道
pái chéng gǒng xíng de jù dà shí kuài qì chéng gǒng dǐng yòng gēn tiě lā gǎn
排成拱形的巨大石块砌成。拱顶用9根铁拉杆

héng xiàng kòu láo gǒng xuàn   gǒng shí zhī jiān dōu yòng tiě sǔn yǎo hé chéng zhěng
横 向 扣 牢 拱 券，拱 石 之 间 都 用 铁 榫 咬 合 成 整

tǐ   qiáo wài cè yòng   kuài gōu lián shí lā jǐn   zhè shì zhào zhōu qiáo jiān gù
体，桥 外 侧 用 6 块 钩 联 石 拉 紧。这 是 赵 州 桥 坚 固

de zhǔ yào yuán yīn   qí cì   zhào zhōu qiáo shì yī zuò   chǎng jiān shì   gǒng
的 主 要 原 因。其 次，赵 州 桥 是 一 座 "敞 肩 式" 拱

qiáo   jí qiáo liǎng duān de   jiān bù   qì yǒu jǐ gè xiǎo   qiáo dòng
桥，即 桥 两 端 的 "肩 部" 砌 有 几 个 小 "桥 洞"。

zhè zhǒng jié gòu shǐ qiáo de   zì shēn zhòng liàng jiǎn qīng hěn duō   jiǎn shǎo le
这 种 结 构 使 桥 的 自 身 重 量 减 轻 很 多，减 少 了

qiáo jī suǒ shòu de yā lì   jiǎn huǎn le qiáo jī de xià chén chǎng jiān jié gòu
桥 基 所 受 的 压 力，减 缓 了 桥 基 的 下 沉；敞 肩 结 构

yòu néng zài xùn qī shǐ hóng shuǐ kuài sù tōng guò   jiǎn qīng hóng shuǐ duì qiáo
又 能 在 汛 期 使 洪 水 快 速 通 过，减 轻 洪 水 对 桥

de chōng jī lì   tóng shí zhè zhǒng jié gòu hái jié shěng le hěn duō zào qiáo cái
的 冲 击 力；同 时 这 种 结 构 还 节 省 了 很 多 造 桥 材

liào   kě yǐ suō duǎn gōng qī   zhào zhōu qiáo de shè jì shī lǐ chūn cǎi yòng
料，可 以 缩 短 工 期。赵 州 桥 的 设 计 师 李 春 采 用

tǎn gǒng   xíng shì   shǐ zhào zhōu qiáo de pō dù jiào xiǎo   shàng xià qiáo
"坦 拱" 形 式，使 赵 州 桥 的 坡 度 较 小，上 下 桥

de dào lù bǐ jiào píng tǎn
的 道 路 比 较 平 坦。

jiàn zào yú   shì jì de jǐ zuò ōu zhōu zhù míng de shí gǒng qiáo
建 造 于 12～15 世 纪 的 几 座 欧 洲 著 名 的 石 拱 桥

zǎo yǐ huǐ sǔn   ér zhào zhōu qiáo zhì jīn réng shí fēn jiān gù
早 已 毁 损，而 赵 州 桥 至 今 仍 十 分 坚 固。

jiāo tōng háng yè de jié néng jiǎn pái
交通行业的节能减排

jiāo tōng yùn shū yè
交通运输业
zuò wéi néng yuán de zhǔ
作为能源的主
yào zhōng duān yòng hù
要终端用户
zhī yì qí shí yóu xiāo
之一，其石油消
hào zhàn quán guó shí yóu
耗占全国石油
zǒng xiāo hào de bǐ zhòng
总消耗的比重
zài zuǒ yòu
在15%左右，
wǒ guó de jiāo tōng jié
我国的交通节
néng jiǎn pái gōng zuò yào gēn cù jìn jiāo tōng fā zhǎn tóng bù tuī jìn
能减排工作要跟促进交通发展同步推进。

tōng guò jì shù jìn bù suō xiǎo yǔ guó jì xiān jìn shuǐ píng de chā jù yī
通过技术进步缩小与国际先进水平的差距，依
kào kē jì jìn bù bú duàn zēng qiáng zì zhǔ chuàng xīn néng lì
靠科技进步，不断增强自主创新能力。

dāng rán jiāo tōng jié néng gōng zuò bāo kuò jiāo tōng gōng jù jiāo
当然，交通节能工作包括交通工具、交

通站场、交通线路、交通调度各个方面，是一个系统工程。只有先进的交通工具，没有与之配套的交通站场、交通线路，交通节能工作成效收效甚微；同样，尽管有先进的交通站场、交通线路，但交通工具不节能，交通调度不先进，整个交通系统就会存在较大的隐性浪费，交通节能的效果也就大打折扣。

交通节能包括陆路的汽车节能、火车节能；水路的内河船舶节能、远洋船舶节能；航空的飞机客运与货运节能。不同的交通工具，通过不同的交通路径及站场，为不同的需要提供各种交通运输服务。它们各自的能耗效率是不同的，不能简单地类比。因此，不同交通工具在进行节能工作时需要充分考虑各自的特点。

lǜ sè jiāo tōng
绿色交通

shú zhe shè huì jié zòu de jiā kuài shēng huó shuǐ píng de tí gāo rén men kāi shǐ guān zhù wǒ men shēng huó de huán jìng jìn nián lái rén men tí chū le lǜ sè jiāo tōng de shuō fǎ

随着社会节奏的加快，生活水平的提高，人们开始关注我们生活的环境。近年来，人们提出了绿色交通的说法。

lǜ sè jiāo tōng shì zhǐ wú wū rǎn shǎo wū rǎn ér fú hé huán bǎo

绿色交通是指无污染、少污染而符合环保

要求的各种新型交通形式。如在大城市中发展地铁、轻轨交通等；在个人交通工具方面，电动汽车、天然气或液化气汽车、氢气汽车、甲醇和乙醇汽车等，都有可能在不久的将来，成为“绿色汽车”的主流。

发展绿色交通，其实就是为了节约能源。目前，全世界已经拥有500多万辆天然气汽车。

yōu huì de huǒ chē piào

优惠的火车票

wèi le yōu dài ér tóng xué sheng hé shāng cán jūn jǐng zhōng guó tiě lù tè bié fā shòu bàn jià piào

为了优待儿童、学生和伤残军警，中国铁路特别发售半价票。

suí tóng chéng nián rén lǚ xíng de shēn gāo mǐ de ér tóng kě yǐ xiǎng shòu bàn jià kè piào jiā kuài piào hé kōng tiáo piào jiǎn chēng ér tóng piào ér tóng piào de zuò bié yīng yǔ chéng rén chē piào xiāng tóng qí dào zhàn bù dé yuǎn yú chéng rén chē piào de dào zhàn

随同成年人旅行的身高1.2~1.5米的儿童，可以享受半价客票、加快票和空调票，简称儿童票，儿童票的座别应与成人车票相同，其到站不得远于成人车票的到站。

pǔ tōng xué sheng yīn wèi méi yǒu gōng zī shōu rù rú guǒ jiā tíng jū zhù dì hé xué xiào bù zài

普通学生因为没有工资收入，如果家庭居住地和学校不在

同一城市的，凭附有加盖院校公章的减价优待证（小学生凭书面证明），每年寒暑假期间可享受四次家庭至院校及实习地点之间半价硬座客票、加快票和空调票，简称学生票，新生凭录取通知书，毕业生凭学校书面证明可买一次学生票。

中国人民解放军和中国人民武装警察部队因伤致残的军人，凭“革命伤残军人证”享受半价的软座、硬座客票和附加票。

铁路乘车证和特种乘车证也属于优惠的车票，乘客可根据相关证件和书面证明免费乘车。

tiě guǐ yǎn biàn
铁轨演变

jīn tiān kàn qǐ lai jiǎn dān de tiě lù jí zhōng le wú shù rén de zhì huì
今天看起来简单的铁路集中了无数人的智慧。
tiě lù gōng chéng shī men zài bù duàn de jiě jué xīn wèn tí de jī chǔ shang jīng
铁路工程师们在不断地解决新问题的基础上经
lì le duō cì jīng yàn hé jiào xun cái yǒu le jīn tiān de jiào kē xué de tiě guǐ
历了多次经验和教训才有了今天的较科学的铁轨。

zǎo qī de guǐ dào shì mù zhì de mù tou guǐ dào zhì zuò jiǎn dān yóu
早期的轨道是木制的，木头轨道制作简单，由
shàng xiàng xià yùn sòng zhòng wù yě hěn shěng lì yī shí shòu dào huān yíng
上向下运送重物也很省力，一时受到欢迎。

不过，在平地上使用木头轨道效果不大，省力不多。而且，这种木头轨道不耐用，磨损大。后来有人尝试用生铁来取代木头，从这以后，轨道开始称为“铁轨”。铁轨比木轨的体积小许多，它直接放在地面上，运煤、送货也省劲。但是，斗车内装的东西不能过重，否则易翻车。工程师们意识到必须解决地面的承受力问题，同时还要考虑铁轨的长度问题。于是人们以轧制的熟铁来代替易发脆的生铁，这种新铁轨在重压下不至于断裂。为了解决铁轨冬冷夏热而发生热胀冷缩的问题，铁路建筑者想出在铁轨的接头之间留点“缝隙”的办法来保障火车的通畅运行。但是铁轨的缝隙接头越多，火车运行中的震动越多，发出的噪声也越大。铁轨的裂损60%是产生在接头处，这样又促使无缝钢轨的产生。

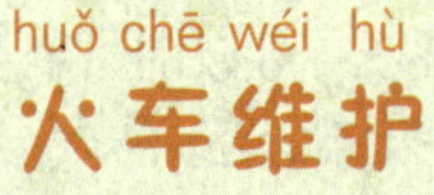

huǒ chē wéi hù
火车维护

huǒ chē dào
火车到
zhàn hòu, tiě dào
站后，铁道
gōng zuò rén yuán
工作人员
huì ná zhe chuí
会拿着锤
zi zài chē xia bù
子在车下不
tíng de qiāo dǎ. zhè yàng zuò de mù dì hé rén men yòng shǒu zhǐ qiāo xī guā tīng
停地敲打。这样做的目的和人们用手指敲西瓜听
shēng yīn de dào li shì yī yàng de. tā men yī miàn qiāo dǎ zhe, yī miàn
声音的道理是一样的。他们一面敲打着，一面
líng tīng huǒ chē fā chū de shēng xiǎng, yǒu jīng yàn de gōng zuò rén yuán kě yǐ cóng
聆听火车发出的声响，有经验的工作人员可以从
zhōng tīng chū nǎ er de luó sī sōng dòng le, nǎ er de líng jiàn gāi gēng huàn
中听出哪儿的螺丝松动了，哪儿的零件该更换
le, cóng ér jí shí jiā yǐ xiū lǐ, yǐ bǎo zhèng huǒ chē jì xù ān quán xíng
了，从而及时加以修理，以保证火车继续安全行
shǐ.
驶。

liè chē shang de zì mǔ
列车上的字母

dài zì tóu de liè chē biǎo shì dòng chē zǔ liè chē dài zì tóu de liè chē biǎo shì tè kuài liè chē dài zì tóu de liè chē biǎo shì kuài sù liè chē dài zì tóu de liè chē biǎo shì zhí dá liè chē dài zì tóu de liè chē biǎo shì lín shí liè chē dài zì tóu de liè chē biǎo shì lín shí lǚ yóu liè chē qián mian méi yǒu zì mǔ de biǎo shì pǔ tōng liè chē dài zì tóu de liè chē biǎo shì gāo tiě

带D字头的列车表示动车组列车，带T字头的列车表示特快列车，带K字头的列车表示快速列车，带Z字头的列车表示直达列车，带L字头的列车表示临时列车，带Y字头的列车表示临时旅游列车，前面没有字母的表示普通列车。带G字头的列车表示高铁。

suì dào
隧道

rén men zuò huǒ chē jīng guò shān qū shí chē nèi hū rán biàn àn, nà jiù shuō míng huǒ chē zhèng zài tōng guò suì dào。bù lùn shì kāi shān jiàn suì dào, hái shi qián hǎi jiàn suì dào dōu shì hěn jù dà de gōng chéng, suì dào shì jiāo tōng bì xū de shè bèi zhī yī。

人们坐火车经过山区时车内忽然变暗，那就说明火车正在通过隧道。不论是开山建隧道，还是潜海建隧道都是很巨大的工程，隧道是交通必需的设备之一。

zài méi yǒu suì dào shí, huǒ chē jīng guò gāo shān shí, huò zhě rào dào, huò zhě xū yào pá pō, jì bù jīng jì, yě bù ān quán。yǐ qián rén men xiǎng yào dù hǎi zhǐ néng zuò chuán, ér hǎi shang tiān qì biàn huàn mò cè, ān quán xìng hé

在没有隧道时，火车经过高山时，或者绕道，或者需要爬坡，既不经济，也不安全。以前人们想要渡海只能坐船，而海上天气变幻莫测，安全性和

shí xiào xìng dōu hěn
时效性都很
chā ér qiě zào
差，而且造
chuán de chéng běn
船的成本
hěn gāo chuán de
很高，船的
lì yòng lǜ dī
利用率低。
rén men yī zhí zài
人们一直在

sī suǒ qī wàng zhǎo dào yī tiáo gèng hǎo de jiāo tōng dào lù suì dào de jiàn
思索，期望找到一条更好的交通道路。隧道的建
chéng zé xiàng shì rén xuān gào zài yě méi yǒu shén me gāo shān dà hǎi néng zǔ
成则向世人宣告再也没有什么高山大海能阻
dǎng wǒ men de qù lù le
挡我们的去路了。

suì dào chú le jiāo tōng gōng néng wài hái kě yǐ yòng zuò chéng shì li
隧道除了交通功能外，还可以用作城市里
dì xià de pái shuǐ huò jǐ shuǐ nóng cūn de guàn gài yǐn shuǐ yǐ jí pū shè méi
地下的排水或给水、农村的灌溉引水以及铺设煤
qì hé shu diàn xiàn lù děng
气和输电线路等。

xiàn dài sī chóu zhī lù
现代丝绸之路

dì èr ōu yà dà lù qiáo bèi yù wéi xiàn dài sī chóu zhī lù zhè shì yīn
第二欧亚大陆桥被誉为现代丝绸之路，这是因
wèi yǔ hā sà kè sī tǎn tiě lù jiē guǐ de jīng wǒ guó lán xīn lǒng hǎi tiě lù
为与哈萨克斯坦铁路接轨的，经我国兰新、陇海铁路
de xīn ōu yà dà lù qiáo suǒ jīng lù xiàn hěn dà yī bù fen shì yuán sī chóu zhī
的新欧亚大陆桥所经路线很大一部分是原“丝绸之
lù de lù xiàn
路”的路线。

dì èr ōu yà dà lù qiáo dōng qǐ wǒ guó huáng hǎi zhī bīn de lián yún gǎng
第二欧亚大陆桥东起我国黄海之滨的连云港，
xiàng xī jīng lǒng hǎi lán xīn xiàn de xú zhōu wǔ wēi hā mì tǔ lǔ
向西经陇海—兰新线的徐州、武威、哈密、吐鲁
fān wū lǔ mù qí zài xiàng xī jīng běi jiāng tiě lù dào dá wǒ guó biān jìng de
番、乌鲁木齐，再向西经北疆铁路到达我国边境的
ā lā shān kǒu jìn rù hā sà kè sī tǎn zài jīng é luó sī bái é luó
阿拉山口，进入哈萨克斯坦，再经俄罗斯、白俄罗

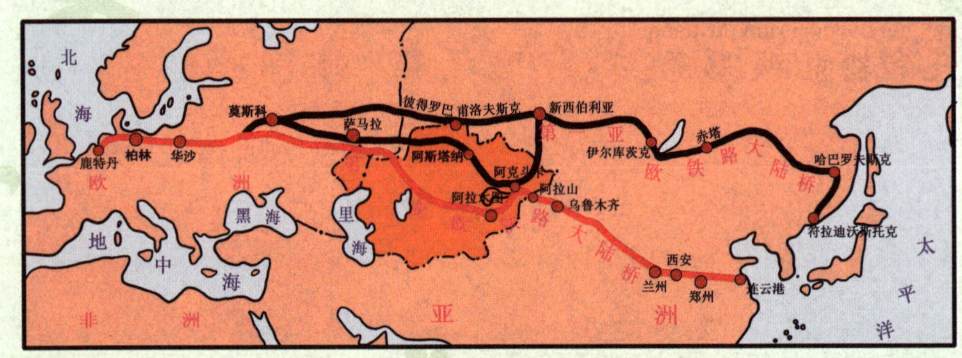

sī　bō lán　dé guó　zhǐ yú hé lán de shì jiè dì yī dà gǎng lù tè dān
斯、波兰、德国，止于荷兰的世界第一大港鹿特丹
gǎng　zhè tiáo dà lù qiáo kuà yuè ōu yà liǎng dà zhōu　lián jiē tài píng yáng hé dà
港。这条大陆桥跨越欧亚两大洲，连接太平洋和大
xī yáng　quán cháng yuē　qiān mǐ　tōng xiàng zhōng guó　zhōng yà
西洋，全长约10 800千米，通向中国、中亚、
xī yà　dōng ōu hé xī ōu　duō gè guó jiā hé dì qū　shì shì jiè shang zuì
西亚、东欧和西欧30多个国家和地区，是世界上最
cháng de yī tiáo dà lù qiáo
长的一条大陆桥。

xiàn dài sī chóu zhī lù de guàn tōng bù jǐn biàn lì le wǒ guó de dōng xī
现代丝绸之路的贯通不仅便利了我国的东西
jiāo tōng　jiā qiáng le yǔ guó wài de lián xì　gèng zhòng yào de shì duì wǒ guó
交通，加强了与国外的联系，更重要的是对我国
de jīng jì fā zhǎn chǎn shēng le zhòng dà de yǐng xiǎng
的经济发展产生了重大的影响。

guǎn dào liè chē

管道列车

guǎn dào liè chē jiù shì zài mì fēng de guǎn dào li xíng shǐ de liè chē tā
管道列车就是在密封的管道里行驶的列车。它
de gōng zuò yuán lǐ shì chōu chū liè chē qián fāng guǎn dào zhōng de kōng qì ér
的工作原理是抽出列车前方管道中的空气，而
hòu zài liè chē hòu mian yǐn jìn kōng qì yī kào yā qiáng chā shǐ liè chē jiā sù
后在列车后面引进空气，依靠压强差使列车加速
qián jìn yóu yú liè chē shì zài jiē jìn zhēn kōng de zhuàng tài xia qián jìn de
前进。由于列车是在接近真空的状态下前进的，

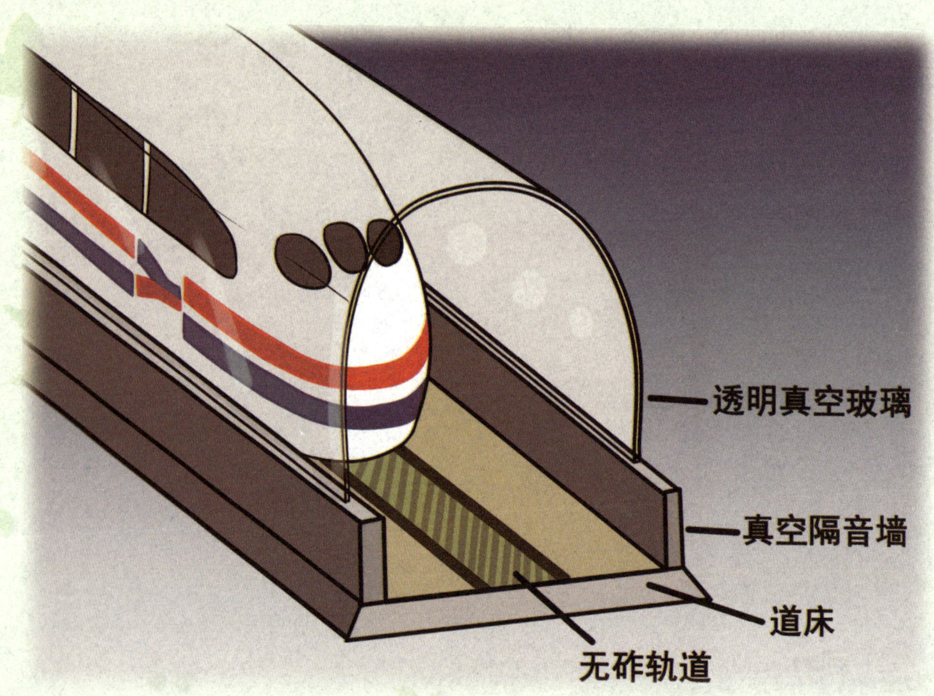

suǒ shòu de zǔ lì hěn xiǎo xiāo hào de néng liàng yě hěn shǎo yīn cǐ zhè shì
所受的阻力很小，消耗的能量也很少，因此，这是
yī zhǒng hěn yǒu qián jǐng de jiāo tōng gōng jù dàn mù qián tā zhǐ zài lǐ lùn shang
一种很有前景的交通工具，但目前它只在理论上
chéng shú
成熟。

guǎn dào liè chē de sù dù kě yǐ gēn fēi jī xiāng pì měi yùn liàng què bǐ
管道列车的速度可以跟飞机相媲美，运量却比
háng kōng yùn liàng dà de duō ér qiě tā de zào jià dī yú gāo sù gōng lù hé gāo
航空运量大得多，而且它的造价低于高速公路和高
sù tiě lù hào néng dī wū rǎn xiǎo bù zú de shì chéng kè zài chē shang
速铁路，耗能低，污染小；不足的是乘客在车上
wú fǎ xīn shǎng yán tú fēng jǐng
无法欣赏沿途风景。

地下铁道

1863年1月10日，英国伦敦建成了世界上第一条地下铁道，全长6千米，至今已经经历了100多年的风风雨雨。目前这条铁路已延伸至88.5千米，共设61个车站，是当今世界上最长的一条地下铁道。

其实，最早提出修建地下铁道的人，并不是铁道专家，而是一位律师，他就是英国很有辩护才能的查尔斯·皮尔逊。在他生活的时

代，伦敦的车辆很多，交通非常拥挤，经常发生事故。他预感到这种情况将随着城市的发展而日趋严重。很幸运的是，他又注意到当时刚刚崭露头角的铁路有时速高、运量大的特点。于是，他向伦敦政府当局提出了把铁路修建在城市街道下面的设想。这一设想经论证后被英国政府采纳。

地铁与城市中的其他交通工具相比有很多优点：一是运量大，地铁的运输能力要比地面公共汽车大7~10倍；二是速度快，地铁在地下隧道内风驰电掣地行进，畅通无阻，速度比一般的地面车辆快2~3倍，有的时速可超过100千米；三是无污染，地铁以电为动力，不存在空气污染问题。此外，地铁还具有准时、方便、舒适、节约能源等特点。

磁悬浮列车

2003年，我国的第一辆磁悬浮列车在上海开始运营，标志着我国成为世界上第三个掌握磁悬浮技术的国家。

磁悬浮列车主要依靠电磁力来实现传统铁路中的支承、导向、牵引和制动功能。它的速度高达每小时517千米，但它的原理并不深奥。它运用磁铁“同性相斥，异性相吸”的性质，使磁铁具有

抗拒地心引力的能力，即“磁性悬浮”，从而取消轮轨。列车在运行过程中，与轨道保持一厘米左右距离，处于一种“若即若离”的状态。由于避免了与轨道的直接接触，行驶速度大大提高。

提高磁悬浮列车速度的关键技术是超导新技术。超导体处于超导状态时，具有完全的导电性和抗磁性，可以使磁悬浮列车的性能发挥到最佳状态。

磁悬浮列车运行时的启动、悬浮、加速、转弯、减速、停车、下落等由计算机、微电子感应、自动控制等高新技术来控制。

jīng háng dà yùn hé
京杭大运河

jīng háng dà yùn hé shì yóu rén gōng hé dào hé bù fen hé liú hú pō
京杭大运河是由人工河道和部分河流、湖泊
gòng tóng zǔ chéng de quán cháng qiān mǐ shì shì jiè shang zuì
共同组成的，全长1794千米，是世界上最
cháng de rén gōng hé liú hé wàn lǐ cháng chéng bìng chēng wéi wǒ guó gǔ
长的人工河流，和万里长城并称为我国古
dài de liǎng xiàng wěi dà gōng chéng
代的两项伟大工程。

jīng háng dà yùn hé běi qǐ běi jīng nán zhì háng zhōu tú jīng běi jīng
京杭大运河北起北京，南至杭州，途经北京、
tiān jīn hé běi shān dōng jiāng sū hé zhè jiāng liù shěng shì gōu tōng hǎi
天津、河北、山东、江苏和浙江六省市，沟通海
hé huáng hé
河、黄河、
huái hé cháng
淮河、长
jiāng qián táng
江、钱塘
jiāng wǔ dà shuǐ
江五大水
xì quán chéng
系，全程
fēn wéi tōng huì
分为通惠

hé　běi yùn hé
河、北运河、
nán yùn hé　lǔ yùn
南运河、鲁运
hé　zhōng yùn hé
河、中运河、
lǐ yùn hé　jiāng nán
里运河、江南
yùn hé qī duàn
运河七段。

jīng háng dà yùn hé zhào shǐ yú chūn qiū shí qī　xíng chéng yú suí　fā zhǎn yú táng sòng
京杭大运河肇始于春秋时期，形成于隋，发展于唐宋，
shì wǒ guó gǔ dài láo dòng rén mín chuàng zào de yī xiàng wěi dà gōng chéng　bù
是我国古代劳动人民创造的一项伟大工程，不
dàn zài lì shǐ shang qǐ guò jù dà de jiāo tōng shū niǔ zuò yòng　ér qiě yě cù jìn
但在历史上起过巨大的交通枢纽作用，而且也促进
le yán àn chéng shì de xùn sù fā zhǎn
了沿岸城市的迅速发展。

春运

春运是一种极具中国特色的交通现象，被誉为人类历史上规模最大的、周期性的人口大迁徙。在中国传统节日——春节前后40天左右的时间里，有30多亿人次的人口流动。

春运时间，一般是以春节为界，节前15天，节后25天，共40天。中国铁路总公司、交通部、民航总局会根据春运时间进行全国性的专门运输安排。

自1954年起，前铁道部就有春运记录，

但客流与现在相差很远，日均客流量73万人次，高峰客流量90万人次，时间为春节前后15天。

80年代以后，大量民工外出，春运成为社会热点。每年春运，铁路运输是重中之重，铁路部门采用“基本方案”“预备方案”“应急方案”等三套方案各种措施，分别应对正常客流、高峰客流、突发客流。

地区经济不平衡也导致了这种大规模的人口流动，一般内地民工都到南方或者东南沿海打工，每逢过年集体返乡；交通的运输能力、现有的资源配置不平衡等问题也都在加剧民工回家的难度。相信随着社会的发展，我国地区经济的协调发展将会疏散人流，春运将会成为一个历史名词。

sī chóu zhī lù
丝绸之路

hàn cháo chū nián suī rán hé xiōng nú shí xíng le hé qīn zhèng cè dàn
汉朝初年虽然和匈奴实行了和亲政策，但
shì xiōng nú hái shi jīng cháng qīn fàn hàn cháo de biān jìng hàn wǔ dì pài qiǎn
是匈奴还是经常侵犯汉朝的边境。汉武帝派遣
zhāng qiān chū shǐ xī yù qù lián hé xiōng nú xī bian de dà yuè zhī guó
张骞出使西域，去联合匈奴西边的大月氏国
gòng tóng dǐ kàng xiōng nú zài tā de zhǐ yǐn xia hàn cháo jūn duì dǎ
共同抵抗匈奴。在他的指引下，汉朝军队打
bài le xiōng nú kòng zhì le tōng wǎng xī yù de hé xī dì qū hòu lái
败了匈奴，控制了通往西域的河西地区。后来
hàn wǔ dì zài cì pài zhāng qiān chū shǐ xī yù kāi pì le yī tiáo yǐ cháng
汉武帝再次派张骞出使西域，开辟了一条以长
ān wéi qǐ diǎn
安为起点，
yǐ luó mǎ wéi zhōng
以罗马为终
diǎn de tōng shāng
点的通商
zhī lù
之路。

zhè tiáo dào lù
这条道路
mián yán duō
绵延7000多

qiān mǐ héng kuà ōu yà dà lù bìng dù guò dì zhōng hǎi lián jiē qǐ yà
千米，横跨欧亚大陆，并渡过地中海，连接起亚、
ōu fēi sān dà zhōu tōng guò zhè tiáo lù wǒ guó de sì dà fā míng tǔ
欧、非三大洲。通过这条路，我国的四大发明、土
tè chǎn hé yī xiē xiān jìn de jì shù chuán dào le xī fāng ér xī fāng de tè
特产和一些先进的技术传到了西方，而西方的特
chǎn hé wén huà yě tōng guò zhè tiáo lù chuán dào le wǒ guó rú xī là de huì
产和文化也通过这条路传到了我国，如希腊的绘
huà hé yìn dù de fó jiào cóng ér shǐ dōng xī fāng de jīng jì hé wén huà dé dào
画和印度的佛教。从而使东西方的经济和文化得到
hěn hǎo de jiāo liú duì shì jiè wén míng de fā zhǎn chǎn shēng le jù dà
很好的交流，对世界文明的发展产生了巨大
de yǐng xiǎng
的影响。

zhè tiáo shì jiè wén míng de lù jiù shì sī chóu zhī lù yīn wǒ
这条世界闻名的路就是“丝绸之路”，因我
guó de sī chóu zhì pǐn tōng guò hé xī zǒu láng tiān shān nán běi yùn wǎng zhōng
国的丝绸制品通过河西走廊、天山南北运往中
yà xī yà hé ōu zhōu ér dé míng jù shuō dāng luó mǎ dà dì kǎi sā dì
亚、西亚和欧洲而得名。据说，当罗马大帝恺撒第
yī cì chuān shàng wǒ guó de sī chóu fú zhuāng chū xiàn zài zhòng rén miàn qián
一次穿上我国的丝绸服装出现在众人面前
shí hōng dòng le zhěng gè luó mǎ
时，轰动了整个罗马。

梦 想 的 力 量

公交车出行

chéng shì gōng gòng jiāo tōng shì yí xiàng shè huì gōng yì xìng shì yè　　yōu
城 市 公 共 交 通 是 一 项 社 会 公 益 性 事 业。优

xiān fā zhǎn gōng gòng jiāo tōng　　bǎo chí chéng shì gāo xiào　　ān quán yùn zhuǎn　shì
先 发 展 公 共 交 通，保 持 城 市 高 效、安 全 运 转，是

dī tàn chéng shì de bì rán xuǎn zé
低 碳 城 市 的 必 然 选 择。

yí liàng dà xíng gōng jiāo chē suǒ zhàn dào lù miàn jī yuē děng yú liǎng
一 辆 大 型 公 交 车 所 占 道 路 面 积 约 等 于 两

liàng xiǎo qì chē suǒ zhàn miàn jī　　ér yí liàng gōng jiāo chē de zài kè liàng shì
辆 小 汽 车 所 占 面 积。而 一 辆 公 交 车 的 载 客 量 是

liǎng liàng xiǎo qì chē de　　bèi　rén jūn hào néng liàng shì xiǎo qì chē de
两 辆 小 汽 车 的 40 倍，人 均 耗 能 量 是 小 汽 车 的

gōng jiāo chē rén jūn kōng qì wū rǎn bǐ xiǎo qì chē shǎo
1/10。公 交 车 人 均 空 气 污 染 比 小 汽 车 少 90%。

fāng biàn de gōng
方 便 的 公

jiāo chē néng yǒu xiào huǎn
交 车 能 有 效 缓

jiě chéng shì jiāo tōng dǔ
解 城 市 交 通 堵

sè　　kōng qì wū rǎn
塞、空 气 污 染、

néng yuán jǐn zhāng de
能 源 紧 张 的

压力。

新型快速公交系统具有投资少、运力大、建设周期短、运行成本低等优点。乘客节省时间是实施快速公交系统的最主要收益。乘客乘坐快速公交行驶速度要比乘坐当前的公交车快得多。

除了节省时间外，快速公交系统乘客的乘车体验也会得到极大改善：乘客不再像以前一样，在日晒雨淋下候车；

当前在高峰时段，很多车十分拥挤，乘客甚至不能挤上公共汽车。快速公交系统系统运力得到极大提高，可以有效解决这个问题。

公路交通

自汽车诞生以来，人类就在不断对其进行改造，石油危机、环境污染、不可再生资源越来越少等形势的出现增加了人们探索替代能源的动力。

公路交通运输的主要能源是石油，石油是公路交通运输持续发展的原动力，是重要的战略资源。公路交通运输

系统中的能耗主要源于公路车辆，可分为直接能耗和间接能耗，直接能耗主要是用于驱动车辆的那部分，间接能耗是指维护运营交通运输系统所需要的能源，主要包括维修运输车辆与养护道路所需要的能源。

从总体上讲，目前我国能源消费总量约为美国的1/3，占世界能源消费总量的1/10，居世界第二位，但我国煤炭、石油、天然气的人均储量均低于世界的人均水平，特别是石油只占世界人均水平的11.1%。随着近年来我国经济的持续发展，能源供给和能源安全问题已经显现，这无疑会直接影响我国公路交通运输业的发展。

降低运输能耗将始终是我们关注的重点。

旅游与交通

旅游与交通密不可分，人们在外出前要考虑好出行方式，积极应对旅途中可能出现的各种交通问题。

由于人们越来越重视时间，因此，又快速又舒适的交通工具是人们理所当然的首选。但是人们最为关注的还是乘坐哪种交通工具经济实惠，如何寻找交通与旅游的契合点。不同的游客要针对自己目的地和随身携带物品多少等实际情况选择合适的交

tōnggōng jù chūxíng yǐ qī yǒu gè yú kuàishū shì de lǚ yóu shēng huó
通工具出行，以期有个愉快舒适的旅游生活。

dāng lǚ yóu zāo yù wù jī rú guǒ dào dá jī chǎng de shí hou fā xiàn
当旅游遭遇误机：如果到达机场的时候发现

wù le jī yào mǎ shàng dào háng kōng gōng sī bào dào chù qǐng qiú bāng zhù
误了机，要马上到航空公司报到处请求帮助。

néng fǒu dā chéng lìng yī bān jī zé shì jī piào zhǒng lèi ér dìng pǔ tōng jī
能否搭乘另一班机则视机票种类而定，普通机

piào yǒu xiào qī xiàn shì yī nián bù xiàn dā chéng mǒu yī bān jī zhì yú bāo
票有效期限是一年，不限搭乘某一班机。至于包

jī yóu lǎn zhuǎn jī de jī piào yǐ jí tè jià jī piào wǎng wǎng yǒu fù dài
机、游览转机的机票以及特价机票，往往有附带

tiáo jiàn jī piào shang dōu huì yìn yǒu zhǐ zài piào shang liè míng zhī rì qī
条件，机票上都会印有“只在票上列明之日期

jí bān cì yǒu xiào zhī lèi de zì yàng
及班次有效”之类的字样。

dāng lǚ yóu zāo yù yūn xuàn yūn chuán yūn chē hé yūn jī dōu shì lǚ
当旅游遭遇晕眩：晕船、晕车和晕机都是旅

yóu zhōng fēi cháng sǎo xìng de shì dàn shì bù yòng fán zào hé jǐn zhāng rú
游中非常扫兴的事，但是不用烦躁和紧张，如

gǎn dào xuàn yūn shí jiù bǎ tóu xiàng hòu yǎng bù yào luàn dòng zuì hǎo bù
感到眩晕时，就把头向后仰，不要乱动，最好不

yào yòng zhěn tou tǎng xià lai yào duō hū xī xīn xian kōng qì bǐ rú zài zuò
要用枕头躺下来。要多呼吸新鲜空气，比如在坐

chuán shí kě yǐ dào jiǎ bǎn shang qù hū xī xīn xian kōng qì zuò chē de
船时，可以到甲板上去呼吸新鲜空气；坐车的

huà kě yǐ bǎ chuāng zi dǎ kāi lìng wài hái yào hē shì liàng de yǐn liào yǐ
话，可以把窗子打开；另外还要喝适量的饮料以

fáng tuō shuǐ
防脱水。

zhèng hé xià xī yáng

郑和下西洋

zhèng hé běn xìng mǎ zì sān bǎo gōng yuán nián chū shēng yú
郑和，本姓马，字三保，公元1371年出生于
yún nán zhèng hé de fù qin yǔ zǔ fù jūn céng cháo bài guò yī sī lán jiào de
云南。郑和的父亲与祖父均曾朝拜过伊斯兰教的
shèng dì mài jiā shú xī yuǎn fāng yì yù hǎi wài gè guó de qíng kuàng
圣地麦加，熟悉远方异域、海外各国的情况。
shòu fù qin yǔ zǔ fù de yǐng
受父亲与祖父的影
xiǎng zhèng hé zài hěn xiǎo de shí
响，郑和在很小的时
hou jiù yǐ duì wài jiè chōng mǎn
候就已对外界充满
le qiáng liè de hào qí xīn
了强烈的好奇心。

gōng yuán nián zhì gōng
公元1405年至公
yuán nián zhèng hé xiān hòu
元1433年，郑和先后
shuài lǐng páng dà chuán duì qī xià
率领庞大船队七下
xī yáng jīng dōng nán yà yìn
西洋，经东南亚、印
dù yáng yuǎn háng yà fēi dì qū
度洋远航亚非地区，

zuì yuǎn dào dá hóng hǎi hé fēi zhōu dōng hǎi àn háng hǎi zú jì biàn jí yà

最远到达红海和非洲东海岸，航海足迹遍及亚、

fēi duō gè guó jiā hé dì qū

非30多个国家和地区。

zhèng hé de chuán duì chāo guò sōu qí bǎo chuán de zài zhòng liàng

郑和的船队超过200艘，其宝船的载重量

dá dào duō dūn chuán duì zǒng rén shù dá wàn duō rén

达到1000多吨，船队总人数达2万多人。

zhèng hé xià xī yáng bǐ qí tā guó jiā de háng hǎi jiā zǎo le jìn bǎi

郑和下西洋，比其他国家的航海家早了近百

nián tā zài xià xī yáng de háng chéng zhōng kāi pì bìng tuò zhǎn le zhōng guó

年。他在下西洋的航程中开辟并拓展了中国

yǔ yà fēi duō gè guó jiā hé de qū de hǎi shàng jiāo tōng wèi shì jiè háng

与亚非30多个国家和地区的海上交通，为世界航

hǎi shì yè de fā zhǎn hé gè guó rén mín de jiāo liú zuò chū le bù kě mó miè de

海事业的发展和各国人民的交流作出了不可磨灭的

gòng xiàn

贡献。

dí yà shì zhī háng
迪亚士之航

shì jì mò bù shǎo xī fāng rén cóng mǎ kě bō luó de yóu jì
13世纪末，不少西方人从马可·波罗的游记
zhōng kàn dào le dōng fāng de fù shù hé fán róng cóng ér yǐn fā le yī chǎng
中看到了东方的富庶和繁荣，从而引发了一场
dào dōng fāng xún zhǎo huáng jīn de rè cháo rán ér ào sī màn tǔ ěr qí dì
到东方寻找黄金的热潮。然而奥斯曼土耳其帝
guó kòng zhì le dōng xī fāng de jiāo tōng yào dào shǐ dōng xī fāng de mào yì
国控制了东西方的交通要道，使东西方的贸易
shòu dào yán zhòng zǔ ài suí zhe zī běn zhǔ yì de fā zhǎn pú táo yá hé
受到严重阻碍。随着资本主义的发展，葡萄牙和
xī bān yá jí yú dào hǎi wài xún zhǎo yuán shǐ zī běn zhè yàng kāi pì yī
西班牙急于到海外寻找原始资本，这样，开辟一
tiáo dào dōng fāng de xīn háng lù pò zài méi jié liǎng guó de shāng rén hé fēng
条到东方的新航路迫在眉睫，两国的商人和封

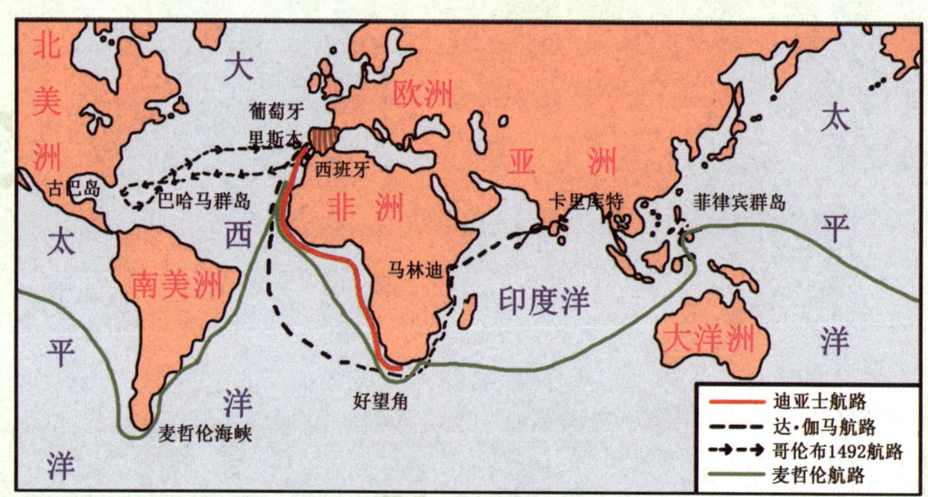

jiàn zhǔ jiù chéng wéi shì jiè shang dì yī pī zhí mín háng hǎi zhě
建主就成为世界上第一批殖民航海者。

pú táo yá háng hǎi jiā dí yà shì nián jiē shòu le
葡萄牙航海家迪亚士（1450~1500年）接受了
pú táo yá guó wáng yuē hàn èr shì de mìng lìng yú nián yuè cóng
葡萄牙国王约翰二世的命令，于1487年8月从
lǐ sī běn chū fā shuài lǐng liǎng tiáo gè zài dūn de shuāng wéi dà fān
里斯本出发，率领两条各载100吨的双桅大帆
chuán yán zhe fēi zhōu xī hǎi àn xiàng nán shǐ qù nián yuè chuán
船，沿着非洲西海岸向南驶去。1488年12月，船
duì zài jīng guò yī nián líng wǔ gè yuè de háng xíng zhī hòu ān quán huí dào lǐ
队在经过一年零五个月的航行之后，安全回到里
sī běn zhè shì pú táo yá rén tàn xún xīn háng lù de yī cì tū pò dí yà
斯本。这是葡萄牙人探寻新航路的一次突破。迪亚
shì zài zhè cì háng xíng fā xiàn le fēi zhōu hǎo wàng jiǎo pú táo yá guó wáng
士在这次航行发现了非洲好望角，葡萄牙国王
rèn shí dào fā xiàn fēi zhōu nán duān de zhòng yào xìng jué de dào dōng fāng
认识到发现非洲南端的重要性，觉得到东方
yǒu le xī wàng nián dí yà shì shòu mìng yú guó wáng màn niǔ er yī
有了希望。1497年，迪亚士受命于国王曼纽儿一
shì liǎng cì shuài lǐng chuán duì yuǎn háng tā rào zhe fēi zhōu hǎi àn yán
世，两次率领船队远航。他绕着非洲海岸，沿
tú jìn xíng zhí mín mào yì bìng fā xiàn le yìn dù bù xìng de shì
途进行殖民贸易，并发现了印度。不幸的是，1500
nián dí yà shì chuán duì sì sōu dà chuán tóng zàng dà xī yáng hǎi dǐ dí
年，迪亚士船队四艘大船同葬大西洋海底，迪
yà shì yǔ suǒ yǒu chuán yuán yī qǐ xùn nàn
亚士与所有船员一起殉难。

dàn shì xīn de háng lù yǐ bèi dǎ tōng xī fāng zhí mín shì lì cóng cǐ
但是，新的航路已被打通，西方殖民势力从此
yě jiù cóng fēi zhōu shēn zhǎn dào le yà zhōu
也就从非洲伸展到了亚洲。